El manual de los héroes ordinarios
Lama Jigme Rinpoche

El manual de los héroes ordinarios

Lama Jigme Rinpoche

Estructura y formato de Audrey Desserrieres

Traducido del inglés y francés por María Cámara

RABSEL
PUBLICATIONS

Título original : *Manuel des héros ordinaires*

ISBN 978-2-36017-065-4

www.rabsel.com
e-mail: contact@rabsel.com

Índice

Introducción

¿Es el budismo una religión o una filosofía? Esta es la eterna pregunta de periodistas y curiosos. Grandes maestros orientales, filósofos modernos y académicos de renombre han contribuido a este debate, pero este no es el lugar para argumentar a favor de una u otra teoría.

Parece razonable afirmar que el budismo es una religión para quienes lo practican como tal, del mismo modo que es una filosofía para quienes lo consideran exclusivamente desde esta perspectiva. La propuesta de este libro es abordar el budismo desde otro ángulo. En este caso, consideramos el propósito original de las enseñanzas de Buda: ofrecer un método para comprender cómo ser, cómo actuar, en otras palabras, cómo vivir nuestra humanidad cuidando de nosotros mismos[1] y de los demás.

1 Nota de la traductora: En esta traducción he optado por utilizar el pronombre masculino en todo el texto para simplificar, pero no refleja ningún prejuicio sexista por parte del autor ni de la traductora.

Buda nació en la India hace más de 2500 años. Sus enseñanzas se extendieron después por toda Asia. Las culturas de India, Tíbet, China, Japón y Tailandia tienen poco en común a pesar de estar situadas en Oriente. Y, sin embargo, cada uno de estos países ha integrado plenamente las enseñanzas de Buda, junto con muchas otras naciones más allá de esta lista. En todos los casos, la asimilación llevó tiempo, varios siglos en el caso del Tíbet, a pesar de su proximidad a la India.

Las enseñanzas de Buda, procedentes de Oriente, llegaron a Occidente en plena crisis de identidad de los años setenta. Europa y Estados Unidos acogieron el mensaje de Buda y el folclore que lo acompañaba. En consecuencia, los primeros aspirantes a meditadores tuvieron que trabajar duro para separar el aspecto cultural y exótico del mensaje, y conseguir así comprender la enseñanza y aplicarla.

Ser budista no significa adoptar un estilo de vida particular, vestirse de una manera determinada o ponerse un rosario en el cuello. Significa, sobre todo, cuestionar nuestra manera de concebir y percibir el mundo. Esta introspección nos permite tomar conciencia de nuestros hábitos y nuestros defectos. La enseñanza de Buda constituye, por tanto, un manual que nos permite avanzar hacia una mayor libertad para acceder a nuestras cualidades innatas.

Descubrir culturas diferentes es interesante y enriquecedor, pero no es el objetivo de la enseñanza budista. Buda compartió sus descubrimientos con el deseo de que su experiencia fuera útil para los demás. Su mensaje nos invita a conocernos a nosotros mismos: a observar los conceptos, las ideas y los sentimientos que experimentamos y a comprender cómo tiñen nuestras percepciones y determinan nuestras acciones, cuyas consecuencias debemos luego experimentar y aceptar.

Se dice que el budismo es universal porque trasciende todas las nociones de tiempo y cultura. Un pastor de la Edad Media puede aplicarlo con la misma facilidad que un hombre de negocios del siglo xxi. Dicho esto, la integración de la enseñanza no puede ser únicamente intelectual. Aunque el conocimiento y el saber juntos constituyen un paso importante, no son un fin en sí mismos. Si así fuera, el budismo sería simplemente un dogma de reglas sin responsabilidad individual. La enseñanza de Buda no tiene otro fin que su aplicación personal, sea cual sea la naturaleza del individuo, su estilo de vida o su edad. Este camino de sabiduría comienza con una simple observación: todos los seres desean la felicidad y nadie quiere sufrir. Basándose en esta observación, el Buda Shakyamuni[2] emprendió la búsqueda de una felicidad duradera, no sujeta a alteraciones por el tiempo ni el cambio. Para alcanzar este objetivo, comenzó identificando las causas que nos impiden ser felices, para poder actuar sobre ellas.

La amplitud de las enseñanzas a través de las diversas culturas que han integrado el budismo se desarrolló a partir de esta búsqueda y este descubrimiento iniciales, y continúa transmitiéndose hoy en día. Este libro tiene su origen en una serie de seminarios impartidos en Dhagpo Kagyu Ling, en Dordoña (Francia), entre el 2006 y el 2015, concebidos a partir del texto del maestro tibetano Gyelse Togme Zangpo, *Las treinta y siete prácticas de un bodhisattva.*[3]

El autor compuso este texto en el siglo xiv, en verso, para facilitar su memorización, una práctica muy exten-

2 El Buda histórico Siddartha Gautama, que vivió en algún momento entre los siglos vi y iv a. de C.

3 *No hay traducción de este texto en español.*

dida en la tradición budista. Como los estudiantes solían aprender los textos de memoria, su composición respetaba restricciones formales precisas, como el ritmo métrico y la versificación. Por ello, estos textos *raíz* suelen ser bastante concisos y pueden resultar relativamente difíciles de descifrar para los principiantes. En Tíbet estas obras suelen ir acompañadas de explicaciones complementarias, llamadas *comentarios* o *exégesis*, que aportan detalles adicionales y aclaran el significado del texto raíz. El estudiante memoriza el texto raíz y lo conserva como recuerdo del significado más amplio estudiado.

Las treinta y siete prácticas de un bodhisattva es un texto raíz conciso y preciso escrito en verso. Los estudiantes tibetanos conocen esta obra de memoria. Aunque su composición se aproxima a la lengua vernácula, siguen siendo útiles explicaciones adicionales para comprenderlo correctamente. El propósito de este libro no es presentar una nueva traducción del texto, ya ampliamente traducido en otros ámbitos, sino transmitir su mensaje y esencia para que pueda ser útil a los europeos y a los americanos de la actualidad, más de setecientos años después de su composición.

Tratar de aplicar literalmente las palabras de un maestro del siglo XIV a nuestra vida cotidiana de hombres y mujeres del siglo XXI puede parecer un poco descabellado y mínimamente útil. Se trata más bien de comprender su significado e integrarlo en nuestra propia cultura y contexto. Por ello, este libro no incluye las estrofas del texto raíz acompañadas de un comentario, sino que presenta las instrucciones en forma de capítulos para que el lector interesado pueda acceder al significado y utilizarlo como guía práctica.

En el texto original, Gyelse Togme Zangpo describe en treinta y siete puntos la actitud y la forma de actuar cotidiana de un bodhisattva. ¿Qué es un bodhisattva? Un bodhisattva comienza siendo un ser corriente que desarrolla gradualmente la comprensión y la aplicación de la mente del despertar: el deseo profundo de que todos los seres alcancen la felicidad duradera y se abstengan de crear las causas de cualquier infelicidad o insatisfacción. En otras palabras, la mente del despertar es bondad y compasión.

Un bodhisattva es, por tanto, una persona cuya mente clara reconoce instantáneamente cada pensamiento que se manifiesta, sin dejarse perturbar por las emociones que puedan teñir sus pensamientos. Los sucesos cognitivos o emocionales que puedan surgir ya no son fuente de confusión o malentendidos. Por el contrario, un ser así es capaz de discernir todas las causas que originan una reacción determinada.

Gyelse Togme Zangpo investigó cómo viven los bodhisattvas, cuál es su estado mental y cómo actúan ante las distintas circunstancias. Después resumió sus hallazgos en treinta y siete puntos esenciales. La lectura de este texto da la impresión de que vivir como bodhisattva es todo un reto. El resultado final, tal como se describe en las estrofas, puede parecer fuera de nuestro alcance. Pero no debemos desanimarnos y debemos tener presente que se trata precisamente de progresar a nuestro propio ritmo para alcanzarlo, porque todos los bodhisattvas empezaron siendo seres corrientes, igual que nosotros.

La enseñanza budista del *gran vehículo* ofrece un método concreto para evolucionar progresivamente y afrontar de forma diferente los retos de la vida cotidiana. En general, encontramos soluciones a nuestros problemas, que a menudo resultan ser soluciones temporales: el problema se resuelve durante unas horas, días o meses, pero al final la misma situación reaparece y nos damos cuenta de que estamos dando vueltas en círculo. Evidentemente, no es posible aplicar al pie de la letra el estilo de vida de un bodhisattva, pero podemos empezar por lo que está a nuestro alcance. Podemos familiarizarnos con este camino a través de la práctica regular, adquirir una comprensión cada vez mejor del mismo y progresar así hasta obtener resultados a largo plazo. Aunque no consigamos resolver un problema determinado hoy, conocer la enseñanza y remitirnos a ella nos ofrece otra perspectiva de la situación que será útil en el presente y en el futuro.

La práctica de los bodhisattvas puede desglosarse en una serie de ejercicios bastante sencillos que guardan relación directa con nuestra vida cotidiana. ¿Con qué nos encontramos día tras día? Con circunstancias externas y experiencias internas que a menudo nos llevan de la risa al llanto, de la depresión a la euforia o a la simple indiferencia. El objetivo de este libro es darnos las claves para entender nuestra vida cotidiana según los valores de la mente del despertar: la bondad y la compasión.

A menudo, leemos los libros de un tirón; los entendemos de forma bastante literal y obtenemos información de ellos, pero no los aplicamos a nuestra vida cotidiana. La idea de este libro es comprender nuestras emociones, nuestros problemas, nuestras alegrías, todas las experiencias que encontramos llevándolas al camino del bodhisattva, preguntándonos: «¿Qué haría un bodhisattva en mi situación?». Así es como nos impregnamos de los conceptos y nos familiarizamos con el camino para hacerlo nuestro.

Al principio, los consejos pueden parecernos extraños y ajenos porque van en contra de nuestra forma de funcionar habitual. Para empezar, necesitamos conocer y comprender este funcionamiento habitual y ver que es similar para todo ser humano. Partiendo de esta reflexión, nos resultará natural seguir el camino del bodhisattva. También hay que ser consciente de que es posible aplicar la enseñanza artificialmente, promulgarla sin comprender su significado. Podemos incluso desarrollar el hábito de actuar como describe la enseñanza, pero sin comprender realmente por qué actuamos así. Este enfoque no funciona a largo plazo y no produce resultados. Poner la enseñanza en práctica con naturalidad significa que, primero, comprendemos el significado de la instrucción y, basándonos en esta comprensión, surge un comportamiento natural y no una obligación o una actitud forzada.

En particular, esta enseñanza nos ayuda a saber comunicarnos con los demás y a comprenderlos. Presenta una forma alternativa de pensar y de resolver problemas y dificultades, al tiempo que nos capacita para ayudar genuinamente a los demás cuando se presente la oportunidad.

También me gustaría invitar al lector a revisar y cuestionar su comprensión de los términos utilizados, para no limitarse a una primera impresión de la lectura inicial. Los términos son intencionadamente sencillos para transmitir el significado, pero *sencillo* no significa *simplista*.

La enseñanza de Buda siempre da la impresión de ser fácil de entender, pero en cuanto empezamos a cuestionarnos el significado de las palabras, vemos que es difícil dar con definiciones precisas, a pesar de que las explicaciones, como las de *La práctica de los bodhisattvas en treinta y siete estrofas*, son claras. Si nos ceñimos lo máximo posible al significado, comprobaremos que la enseñanza es más compleja de lo que parece. Retomar una y otra vez los distintos temas tratados nos permite comprenderlos cada vez con mayor profundidad; este ejercicio nos permite desarrollar claridad mental, es decir, una comprensión que va más allá del conocimiento superficial de las palabras leídas. El estudio y la contemplación constituyen una práctica importante en el camino budista; nos permiten desarrollar la claridad mental necesaria para la aplicación concreta de las enseñanzas en la vida diaria. Como el significado se estudia y se comprende de antemano, la puesta en práctica se produce de forma más fluida.

Aunque la comprensión intelectual es un ingrediente innegable, no es un fin en sí misma. De hecho, esta comprensión todavía no es completa y está condicionada por nuestras opiniones y hábitos cognitivos. No podemos integrar plenamente el sentido de la enseñanza basándonos en el intelecto. Por ese motivo empleamos otra práctica: la meditación, que pacifica la mente e introduce otro hábito. Si la mente permanece en un estado de calma, se vuelve mucho más pacífica. Si practicamos la meditación con regularidad, esta mente relajada se convierte en un hábito. Una mente serena tiene una mayor capacidad de comprensión.

La meditación de la que hablamos aquí —y a la que volveremos con más detalle— es una práctica budista. Al igual que el yoga, en la actualidad se asocia a ciertas prácticas de relajación y de atención plena. Estos métodos funcionan muy bien y pueden lograr fácilmente el objetivo deseado: una relativa comodidad o bienestar, del mismo modo que la aspirina puede aliviar un dolor de cabeza sin erradicarlo de raíz. En el contexto budista, el objetivo de la meditación no es la relajación o el bienestar, sino el desarrollo de la capacidad de la mente para la claridad y el discernimiento. Conseguirlo requiere trabajo y esfuerzo, de lo contrario nuestros hábitos vuelven a apoderarse de nosotros rápidamente. Meditar para relajarse o aliviar el estrés es una cosa, pero meditar para desarrollar realmente el discernimiento y la claridad mental es otra muy distinta.

Además, debemos añadir una tercera práctica a las del estudio y la meditación: la aplicación en la vida cotidiana. Sin la combinación de estos tres elementos, no lograremos avanzar realmente en el camino. Poner la enseñanza en práctica no significa en absoluto obligarse a pensar de una determinada manera. La enseñanza es información que recibimos e intentaremos aplicar los métodos que propone. Al ponerlos en práctica, comprendemos mejor el mensaje que hemos recibido. Consiste en un movimiento natural que se produce a medida que desarrollamos nuestra comprensión. Es una referencia a la que podemos remitirnos, al igual que la conducta y la actitud de un bodhisattva constituyen un ejemplo y una fuente de inspiración. Las enseñanzas no son reglas que debamos seguir ya que siempre tenemos libertad de elección. El propio Buda nos insta a hacer nuestra la experiencia, a poner a prueba sus enseñanzas y a verificarlas por nosotros mismos.

El objetivo de la práctica budista es orientarnos en la dirección que nos libere de la infelicidad y el sufrimiento para alcanzar un estado libre de toda insatisfacción. Para ello, es necesario mantener una determinada dirección en la vida, con el fin de ir avanzando en el camino. Aunque nos esforcemos por alcanzar la perfección, no podemos ser perfectos en todo momento, ni actuar de forma puramente beneficiosa. La dirección que aquí se propone es la de la mente del despertar, la bondad y la compasión hacia todos los seres. Como concepto, resulta noble y tentador. Pero, cuando nos comprometemos en este camino, es seguro que nos encontraremos con dificultades relacionadas con nuestra forma de funcionar y nuestros hábitos. Ser un verdadero bodhisattva es difícil, pero podemos avanzar a nuestro propio ritmo, ya que se trata de un proceso. Las enseñanzas nos aconsejan que no nos desanimemos ni intentemos ir demasiado deprisa, sino que evolucionemos según nuestras capacidades y de forma concreta, aplicándolo en nuestra vida cotidiana. De este modo, se instalará un hábito en nosotros que será el motor de nuestro desarrollo continuo hasta alcanzar el resultado final.

Seguir el camino de la mente del despertar significa vivir una vida con sentido, siendo útil a los demás. Si esta es la dirección que deseamos seguir, nuestros pensamientos y acciones cotidianas constituyen un campo de entrenamiento ideal para progresar. Del mismo modo que es necesario hacer ejercicio con regularidad para conseguir una buena condición física, debemos entrenar nuestra mente a diario para convertirnos en bodhisattvas. A nivel individual, nos esforzamos por desarrollarnos y progresar, reconciliando nuestras actitudes. Esto sucede a partir de la lucidez: identificamos nuestros errores y los aspectos en los que podemos mejorar y, así, progresamos. Nuestra actitud y nuestra visión de los demás cambiarán por completo, al igual que nuestra forma de afrontar los acontecimientos emocionales y conceptuales que nos influyen, así como los distintos hábitos relacionados con nuestro contexto cultural. Esto nos permitirá afrontar las dificultades de forma mucho más serena, actuar de manera más beneficiosa y, en consecuencia, los resultados de nuestras acciones también serán más positivos.

Según la enseñanza de Buda, no estamos limitados a una sola existencia: la muerte y el renacimiento se suceden continuamente. Sin embargo, nuestra forma de pensar se limita a la escala de una sola vida. La mayoría de nosotros asumimos que nacemos y existimos hasta el momento de nuestra muerte. Por eso es importante no vivir en condiciones de miseria, recibir una buena educación, conseguir estabilidad económica, etc. La enseñanza de Buda incluye estos aspectos, pero no se limita a esta perspectiva. Tiene en cuenta las vidas sucesivas, y este enfoque influye en la forma de concebir la existencia y en el camino que seguimos.

El karma es otro concepto fundamental del budismo. Es el mecanismo de causas y consecuencias. Sin una comprensión profunda de este mecanismo, siempre pensamos que lo que experimentamos depende de algo o de otra persona cuando, en realidad, depende únicamente de nosotros mismos. Entonces surge la pregunta: ¿cómo podemos crear condiciones favorables? Tomando conciencia de nuestros pensamientos, palabras y acciones, podemos cuidar de nosotros mismos. En eso consiste la práctica del bodhisattva: en dominar la mente, actuar de forma que beneficie a los demás y en no perjudicarles.

Aunque el ejemplo de la vida cotidiana de los bodhisattvas no nos cambie de la noche a la mañana, nos proporciona una buena base de reflexión, rica en información. Podemos así poner en práctica cosas sencillas, según nuestras capacidades y nuestro entorno. De este modo, paso a paso, nos acercamos al ideal del bodhisattva.

Basarnos en nuestra experiencia cotidiana y en nuestra interacción con los demás es un terreno fértil para comprender mejor cómo funcionamos, y también cómo funcionan los demás. La mayoría de los seres humanos atraviesan muchas dificultades y muchos problemas debido a sus emociones, así como a todos los conceptos que cultivan. La vida está en perpetuo movimiento: nada es inmutable y todo cambia irremediablemente. El carácter temporal de la existencia y de todas las cosas es fuente de insatisfacción e infelicidad. Una vez satisfechas las expectativas y los deseos, les siguen otros nuevos. Todos los seres humanos vivimos según los mismos principios básicos. Cuando la mente está menos atrapada en nuestra propia historia y más atenta a los demás, percibimos las situaciones con mayor claridad. Al estar menos perturbados por el apego a nuestras emociones, nuestra forma de relacionarnos con los demás es más benéfica, menos crítica. Experimentamos mayor bondad y compasión. Se produce un cambio en nuestra mente, comprendemos mejor las situaciones y las reacciones de los demás. La vida se vuelve más sencilla, más agradable y también más útil. La mente está más relajada, más abierta a las situaciones que se le presentan. Tenemos más libertad.

Si este entrenamiento sigue siendo puramente intelectual, no dará resultados. En lugar de ello, adquirimos una forma de conocimiento que no podemos poner en práctica. Por ejemplo, todos sabemos que un coche tiene un motor, pero si nuestro coche se averiara en la carretera, no podríamos hacer nada porque no sabemos cómo arreglarlo. Quedarnos sólo en el plano intelectual se reduce a lo mismo: todos los conocimientos acumulados serán inútiles en las situaciones concretas. La bondad y la compasión no son nociones que debemos aprender, sino cualidades que debemos encarnar, de forma genuina. Todas nuestras experiencias y todas nuestras percepciones se convierten en material de trabajo que podemos utilizar. La práctica del budismo ya no se limita al cojín de meditación, sino que toda la vida se convierte en una auténtica práctica.

Quisiera precisar algo. En los cuarenta años que llevo enseñando en Occidente, me he dado cuenta de que algunas personas piensan que el sufrimiento —por dolor o por otra cosa— es algo bueno porque permite *purificar* los actos negativos o porque corresponde a un castigo justo. Esta es una mala comprensión de la enseñanza de Buda. No es necesario sufrir para ser un bodhisattva. La infelicidad es simplemente el resultado de un acto negativo, la simple consecuencia de una acción, ni una purificación ni un castigo. Las enseñanzas aportan soluciones para remediar este malestar a largo plazo, identificando sus causas para evitar repetirlas.

El camino del bodhisattva permite desarrollar otra visión, una comprensión distinta de lo que vivimos y de las situaciones que se nos presentan y, por tanto, vivir en mayor armonía con nosotros mismos y con los demás.

Capítulo 1: El estado de las cosas

Seguir el camino del bodhisattva comienza con un *inventario de enseres*, como cuando se entra en un piso nuevo. Cuanto más cuidadosamente se haga, menos sorpresas habrá después. Omitir esta etapa puede conducir rápidamente a interpretar un papel o a fingir. Al igual que un actor o un cómico, el practicante puede adoptar, por así decirlo, un estilo y, aunque cree estar comprometido con el camino del bodhisattva, sólo está representando un papel. Por lo general, este enfoque del camino llega a su fin con bastante rapidez. Por eso, el camino budista comienza con una observación: ¿qué ocurre en nuestro interior? El verdadero comienzo del camino del bodhisattva implica volver la mirada hacia el interior, hacia la propia mente: ¿cómo surgen las ideas, los pensamientos y los conceptos? ¿Qué nos define? Al principio, el objetivo es ver lo que ocurre en nuestro interior, observar los factores que desencadenan una emoción, sus repercusiones en nuestros actos y las consecuencias que se derivan de ellos. De este modo, vamos teniendo más claro cómo funcionamos.

No es necesario forzarse a seguir una dirección determinada; la idea es adoptar un punto de vista diferente. Esta sencilla práctica ya está cambiando nuestra forma de vivir, de emplear el tiempo y de comportarnos. En general, la dificultad radica en nuestros hábitos: tendemos a dejarnos llevar por lo que ocurre en la vida, sin tomarnos el tiempo de observar o reflexionar. Las situaciones, al igual que los pensamientos, se suceden unas tras otras, prácticamente sin espacio para respirar, ni perspectiva para intentar comprenderlas. El camino del bodhisattva comienza, entonces, por tomar conciencia de lo que hay: nuestro cuerpo, nuestra mente, nuestra forma de funcionar y las condiciones temporales y transitorias que conforman nuestra vida.

El cuerpo y la mente

Podemos comenzar nuestra reflexión con la existencia humana. Estamos dotados de un cuerpo humano. Buda calificó esta existencia de *preciosa* y nos insta a reflexionar sobre ella. Comprender la importancia de la existencia humana permite arrojar luz sobre la dirección que queremos tomar en la vida. Como seres humanos, tenemos conceptos inherentes a esta condición. Para cada uno de nosotros, la vida comienza con el nacimiento, dura un cierto tiempo y concluye con la muerte. Todos nuestros conocimientos se basan en la influencia de otros: padres, educación, sociedad, costumbres culturales, etc. La mayoría de la gente piensa que una buena educación nos da acceso a un trabajo y a una vida profesional adecuada para poder mantener a su familia y llevar una vida feliz. La imagen está intencionadamente estereotipada para enfatizar el proceso.

Pensemos más concretamente en la vida adulta. Una vez terminados los estudios, comienza el proceso de configurar nuestra vida adulta. Podemos tardar diez, quince o veinte años en lograr lo que queremos: casarnos, tener hijos, adquirir una propiedad y disfrutar de nuestra buena posición profesional y social (en un escenario ideal). Unas décadas más tarde, llega el momento en que finalmente tenemos que abandonar, poco a poco, todo lo que hemos construido, porque estamos decayendo física y mentalmente. La jubilación llega rápido debido a que nuestras facultades no son tan agudas como antes y vamos perdiendo energía. Eso es lo que nos depara a todos. Como las hormigas de un hormiguero zumbón, nos ocupamos de preparar una vida que apenas tenemos tiempo de disfrutar. ¿Nos damos cuenta realmente de lo corta que es la vida?

Buda nos invita a apreciar esta existencia humana porque es efímera, pero también porque estamos dotados de capacidades preciosas. Normalmente, no prestamos mucha atención a lo que nos es intrínseco, rara vez pensamos que la vida ordinaria es preciosa y, sin embargo, es un vehículo excepcional con un gran potencial de desarrollo y progreso. El ser humano puede regocijarse de ello, procurando no desperdiciar esta oportunidad.

Para comprender bien este potencial, tenemos que remontarnos al funcionamiento habitual de todos los seres humanos. Todos queremos llegar a ser alguien y conseguir algo. Invertimos tiempo y energía en alcanzar nuestros objetivos y satisfacer nuestros deseos. Con un poco de suerte, no cometemos actos perjudiciales por el camino, pero no siempre es así. A menudo es necesario disfrazar un poco la realidad y encontrar formas de distorsionarla. Con frecuencia, logramos el éxito derrotando o hundiendo a nuestros competidores. No estoy hablando de estafa o fraude, sino simplemente de un estado mental que se refleja en nuestros actos para conseguir nuestros propios fines. A menudo, ni siquiera nos damos cuenta porque estamos centrados en el objetivo que queremos conseguir y no vemos los actos perjudiciales que cometemos para lograrlo. En este contexto, el término *perjudicial* significa 'que no está en armonía con el camino del bodhisattva'. No entendemos realmente cómo funciona el karma, el hecho de que una causa provoque una consecuencia de la misma naturaleza. Al centrarnos únicamente en el resultado final, no prestamos atención a lo que estamos haciendo y nos engañamos creyendo solamente en el éxito del momento, sin mirar más allá. No nos damos cuenta de que, tarde o temprano, experimentaremos las consecuencias que nuestros actos. Buda utilizó el término *ignorancia* para designar este estado mental. En el contexto budista, la ignorancia no se refiere a una forma de estupidez, sino al hecho de no reconocer lo que realmente sucede y dejarse llevar por la sensación del momento.

Se trata entonces de analizar detenidamente nuestra situación y reflexionar sobre el significado de los términos *ilusión* e *ignorancia*. Una comprensión adecuada de estos dos conceptos abre una nueva puerta. Los actos negativos pueden tener resultados positivos al principio. Sin embargo, el mecanismo natural del karma implica que un resultado siempre se manifestará en correlación con la causa generada. Aunque nos resulte difícil relacionar cada consecuencia que experimentamos a su causa inicial, el mecanismo del karma es un proceso ineludible.

Actualmente, en función de la sociedad en la que vivimos, tenemos una idea de lo que debemos conseguir y los medios para lograrlo. Pero, si damos un paso atrás y observamos nuestra mente y lo que ocurre en ella con mayor conciencia de nuestros actos y actitudes, nos surgirá el deseo de vivir de otra manera. Esto no implica tomar decisiones radicales ni hacer cambios drásticos, sino simplemente adquirir una cualidad de conciencia que parte de la observación de nuestra situación actual: nuestra mente y nuestra condición de seres humanos.

Nuestras experiencias individuales constituyen la base del progreso. Poco a poco, vemos las áreas a las que debemos prestar atención y ordenamos nuestras prioridades en función de ello. Esta toma de conciencia comienza con la comprensión de que la existencia humana es preciosa. A partir de la comprensión del valor de esta vida, se hace posible aprovecharla sin perder el tiempo.

La existencia humana es valiosa porque constituye una oportunidad para liberarnos de toda infelicidad. Nuestras condiciones de vida actuales son una amalgama de felicidad y sufrimiento, a pesar de nuestro profundo deseo de encontrar sólo condiciones agradables. Así, gastamos mucha energía para conseguir estas condiciones agradables que, sin embargo, siguen siendo temporales y seguimos siendo azotados por olas de diversas intensidades de satisfacción seguidas de insatisfacción, como un barco en un mar tempestuoso. No obstante, gracias a esta existencia, es posible evolucionar más allá de estas fluctuaciones.

Una comprensión intelectual sigue siendo diferente de una percepción más profunda, una experiencia personal. Es como si una densa niebla envolviera nuestra mente y no lográramos integrar realmente el sentido. Sin embargo, una experiencia más profunda puede ser el impulso para el cambio. Por eso, las enseñanzas de Buda nos suenan a menudo como una hermosa leyenda que nunca alcanzaremos. El principal problema es que no percibimos nuestra condición actual ni el modo en que funciona nuestra mente. Este oscurecimiento no es un muro negro que se levanta ante nosotros; es simplemente el hecho de que escuchamos y sabemos cosas sin experimentarlas personalmente.

Lo mismo ocurre con la existencia humana: somos racionalmente conscientes de su valor, pero no lo integramos en profundidad. Como resultado, nos dejamos constantemente llevar por nuestra percepción del momento, sin conseguir tener una perspectiva más amplia. Así es como se desarrolla nuestra vida: siguiendo lo que nos surge internamente en cada momento, como una hoja arrastrada por el viento en una u otra dirección.

Los maestros budistas, Gampopa (1079-1153)[4] en particular, insisten en esta idea y en la de la existencia humana porque han visto claramente el proceso que conduce a obtenerla. Buda explicó que la muerte del cuerpo físico no es el final, ya que la mente continúa y se reencarna en una nueva matriz. Pasar de una vida a otra es un proceso sujeto a condiciones. La enseñanza de Buda indica la existencia de seis tipos diferentes de destinos o formas de existencia. Como seres humanos, podemos percibir directamente dos de ellos: el destino humano y el animal. Los otros destinos están fuera de nuestro campo de percepción por el momento, pero Buda los percibió y describió claramente.[5] Dentro de estos dife-

---

4 Véase Gampopa Sönam Rinchen (2008), *El Precioso Ornamento de la Liberación*, Huesca, ediciones Chabsöl.

5 Véase *El Precioso Ornamento de la Liberación* para la descripción de los seis destinos.

rentes destinos, existen categorías: por ejemplo, hay distintos tipos de especies animales.

Nacemos humanos, pero ¿qué ocurre al final de esta existencia? Al final de esta vida, tenemos la posibilidad de renacer en uno de los seis destinos. La conciencia —o mente— está ligada a una posibilidad, es decir, a un cuerpo físico, que se desarrolla, nace, vive y muere. Entre los humanos, la conciencia entra en una nueva matriz a través de nuestros padres. La conciencia no es la forma humana. Los padres crean el contenedor físico del cuerpo humano, y este cuerpo constituye una posibilidad a la que se conecta la conciencia. El ser humano conserva entonces este destino hasta la muerte.

La mente no tiene forma; es una conciencia clara que se vincula a una forma. En el caso del destino humano, el cuerpo ofrece la posibilidad de actuar y realizar cosas. El cuerpo es, por tanto, un vehículo. Un coche permite ir más rápido, del punto A al punto B. Sin embargo, el vehículo y el pasajero son distintos. Lo mismo ocurre con la conciencia y el cuerpo. Cuando el cuerpo humano deja de funcionar, porque ya no se dan las condiciones para su buen funcionamiento, muere. La conciencia se dirige naturalmente hacia una nueva oportunidad. Una vez encontrada, se encarna y vive de acuerdo con esta nueva existencia. Así es como la mente se conecta con los diferentes tipos de vida.

La cuestión que se plantea es la siguiente: ¿en qué nos basamos para obtener otra forma de vida? Todo el mundo está dotado de conciencia, así que ¿por qué no elegir la mejor opción de vida? Todo depende de lo que hayamos sembrado. Nadie decide nuestro destino. De hecho, es la confluencia de varias causas y circunstancias lo que ofrece la posibilidad de conectar con una nueva opción de vida. Si una semilla se planta en tierra fértil y recibe todos los elementos necesarios para su favorable desarrollo, la planta crecerá. En cambio, si se coloca la semilla sólo en agua, no crecerá de la misma manera. Un terreno diferente, rico en otros nutrientes, garantizará otro tipo de crecimiento.

Todos los seres renacen en función de su karma respectivo, es decir, según la naturaleza —beneficiosa, neutra o perjudicial— de los actos que han cometido durante su existencia. Tras la muerte, el karma condiciona el nuevo nacimiento, ya sea humano, animal o de otro tipo. Sea cual sea el destino, se aplica el mismo proceso inexorable: un ser nace, pasa por diversas experiencias, muere, vuelve a nacer, pasa por otras experiencias, muere de nuevo, y así sucesivamente. Este ciclo genera una gran agitación. De hecho, actuamos en cada momento, y cada acto (de pensamiento, palabra o cuerpo) siembra una semilla kármica que tendrá un efecto. La suma de estas consecuencias produce un determinado tipo de vida. Algunas vidas son bastante agradables, con buenas condiciones; otras, en cambio, resultan más difíciles, llenas de sufrimiento. La mayoría son una mezcla de condiciones felices e infelices, porque llegamos a una nueva existencia sobre la base de nuestros hábitos más firmemente arraigados, ya estén relacionados con el deseo, el apego, la ira o cualquier otra cosa, y sobre la base del karma.

Los hábitos son inclinaciones naturales mantenidas por la mente debido a la repetición de la misma acción. Si una persona tiene el hábito de ir a la iglesia, sus pasos la llevarán naturalmente a ese edificio; es un acto reflejo. Si el hábito es ir a tomar un café, esté donde esté, siempre encontrará una cafetería. Todos estamos hechos de nuestras tendencias y del karma que generamos. Esto es individual y personal. La conciencia está simplemente teñida e influenciada por estos hábitos del pasado, que la empujan hacia una nueva forma de vida. Estas tendencias se asocian con una dirección que les es afín. Así es como funciona el proceso de la reencarnación. Los grandes practicantes budistas no se dejan influir por sus hábitos. Así que se trata de intentar aprender a elegir la dirección que queremos tomar sin dejarnos influir por nuestras tendencias. La práctica de la meditación nos ayuda a ello, del mismo modo que el análisis de nuestro funcionamiento nos permite cambiar ciertas predisposiciones y generar otras. Obtener un renacimiento humano es, por tanto, una cuestión de probabilidades, sin certeza alguna. Es difícil creer que, siendo hoy un ser humano, podamos convertirnos en un pájaro en la otra vida. Y, sin embargo, ¿tienen fundamento real nuestras convicciones?

Cuando percibimos el color azul, estamos convencidos de su color. A primera vista, no creeríamos a nadie que sostuviera que el azul no existe. Nuestra percepción de las cosas las hace reales en base a nuestra perspectiva: percibir significa que el objeto de percepción existe. Y, sin embargo, la investigación científica, utilizando el ejemplo del color, ha demostrado que el color en sí no existe. Hasta que no comprendamos el proceso que conduce a la percepción del color, nuestra certeza sobre la existencia del azul se mantendrá intacta.

En el contexto budista, esta obstinación en creer en la existencia de algo que, sin embargo, no existe se denomina *ignorancia*. El renacimiento humano es precioso porque esta condición está dotada de la capacidad de reflexionar, analizar, actuar y evolucionar libres de este proceso de muerte y renacimiento. Sin embargo, la mayoría de los seres humanos no comprenden ni aceptan esto. Una práctica budista genuina nos lleva a comprender que, del mismo modo, nuestra insatisfacción personal no existe realmente, lo que nos permite cambiar nuestro punto de vista sobre el sufrimiento y la forma en que lo experimentamos.

También se dice que la existencia humana es preciosa porque no dura para siempre. Por eso debemos hacer un buen uso de ella. Aprovecharla al máximo hoy significa prepararse para la próxima vida. Esta preparación puede llevarse a cabo de diferentes maneras: implicándose en la vida familiar, decidiendo comprometerse plena y esencialmente en el camino de la práctica o combinando ambas. La mayoría de las personas se benefician, por un lado, de las cosas agradables que ofrece la vida y, por otro, intentan prepararse para la otra vida. En cualquier caso, la elección es personal.

Si observamos a los seres humanos, veremos que ceder a los impulsos del momento suele tener como consecuencia perderse en un laberinto de deseos interminables. Estos deseos, cada vez más numerosos e invasivos, se autoperpetúan. Así es como el ser humano crea sin cesar sus propias necesidades. No hay nada negativo en ello, pero este esquema mental se instala, se repite y acaba por convertirse en un hábito que condiciona nuestras acciones, desde las más insignificantes hasta la dirección que damos a nuestra vida.

Considerar la existencia humana nos permite, en primer lugar, mirar hacia dentro. Comprender el potencial del ser humano ofrece una nueva mirada sobre nuestra condición. A veces nos preguntamos por las diferencias entre las vidas de los seres humanos, sin comprender por qué algunas personas tienen condiciones más favorables que otras. De hecho, la razón es bastante sencilla: nuestra situación actual es el resultado de acciones y tendencias desarrolladas en el pasado. Hoy, estamos dotados de esta excelente condición de existencia humana. Si cuidamos los hábitos que desarrollamos y nos aseguramos de actuar de forma beneficiosa para nosotros mismos y para los demás, nos estaremos preparando para seguir avanzando en el camino, vida tras vida. Aunque no podamos comprender todos los detalles del mecanismo de causas y efectos (a nuestro nivel, no podemos ver con claridad qué causa específica conduce a qué efecto), comprender cómo funciona el karma de manera general ya nos permite orientar nuestra vida hacia lo positivo y estar atentos a lo que ocurre en nuestra mente. También experimentamos menos confusión. De hecho, presenciar la infelicidad de los demás a veces genera confusión: ¿por qué yo? ¿Por qué ellos? La experiencia de infelicidad es el resultado de causas generadas en el pasado. Saber cómo funciona el karma nos permite actuar de forma más beneficiosa, de modo que podemos seguir progresando en el camino. Es importante señalar que la ausencia de confusión respecto al sufrimiento de los demás ¡no significa que no debamos ayudarles!

Apego, rechazo e ignorancia

A pesar de que estamos dotados del potencial para evolucionar hacia la sabiduría, podemos constatar que estamos muy apegados a nosotros mismos. Este apego se expresa de múltiples formas: por ejemplo, priorizamos lo que nos resulta agradable o placentero y rechazamos lo que nos molesta. Es lo que llamamos *dualidad*. En general, todo el mundo piensa que se trata simplemente de la naturaleza humana y que nadie puede hacer nada al respecto, pero las enseñanzas explican que esta es la fuente de la infelicidad, de la falta de armonía y de todo lo que resulta desagradable. Una mente que se deja llevar demasiado por el objeto que desea se apegará al mismo (la palabra *objeto* no se refiere sólo a las cosas materiales, sino que debe considerarse en un sentido más amplio); por otro lado, si algo le repele a esa misma mente, inmediatamente va a distanciarse del objeto. Entre estos dos extremos, hay una zona difusa que no percibimos con claridad, una zona de ignorancia. El ser humano es presa constante de estos tres movimientos: apego, rechazo e ignorancia.

Buda explica que los problemas surgen de estos tres sucesos que perturban continuamente la mente. La reacción natural ante esta afirmación es intentar erradicar toda forma de apego, rechazo e ignorancia, pero esto no es posible. En efecto, dejar de estar apegado no depende de una decisión intelectual. Es un proceso que lleva tiempo. No podemos eliminar el apego del mismo modo que damos a un interruptor para encender o apagar la luz a voluntad. Sólo una integración profunda del significado de las enseñanzas permite un cambio natural y auténtico. Hace varias décadas, nadie se preocupaba por la contaminación causada por los coches. Ignorábamos este problema. Con el paso del tiempo, y sobre todo con el avance de la investigación científica, hemos identificado cuáles son los componentes contaminantes y ahora sabemos más sobre ellos. Esta comprensión provocó una nueva toma de conciencia y, naturalmente, ahora cuidamos más del medio ambiente.

El primer paso consiste en tomar conciencia del proceso observando, en la vida cotidiana, la forma en que nos apegamos a todo lo agradable y rechazamos todo lo desagradable. De hecho, el apego está vinculado a diversas aflicciones: el deseo, los celos, el orgullo, etc. Así pues, el camino comienza con una mirada neutral sobre el modo en que estas aflicciones surgen y tiñen nuestra percepción. Veremos que afectan a cómo percibimos a los demás y las situaciones en las que nos encontramos, influyendo así en nuestras palabras y acciones. Estas palabras y acciones constituyen igualmente las causas y, por tanto, las consecuencias que experimentaremos en el futuro. Gracias a esta observación, comprendemos mejor que nuestras acciones impulsivas a menudo nos empujan a reaccionar de forma perjudicial y a experimentar consecuencias de la misma naturaleza que nuestras acciones. No reconocemos nuestras propias percepciones e inmediatamente proyectamos juicios sobre situaciones o personas que nos llevan al apego, la discriminación y el rechazo. Comprender este funcionamiento con mayor claridad tiene consecuencias a dos niveles. En primer lugar, intentaremos dirigir nuestras acciones, palabras y pensamientos hacia lo que es beneficioso y abstenernos de causar daño alguno. En segundo lugar, comprenderemos que este funcionamiento es universal, es decir, es igual para todos los seres humanos. La mirada individual nos permite comprender mejor lo que ocurre a nivel colectivo.

Detectar las emociones cuando surgen, antes de actuar o hablar, nos permite comprender a qué conducen el apego, el rechazo y el simple hecho de no reconocer las condiciones que nos rodean. Estos movimientos constituyen las causas que impulsan a la mente a involucrarse sin cesar en diversas acciones y situaciones, creando así infinitas complicaciones. Todo ser humano está sujeto a este funcionamiento básico. Esta reflexión despierta y educa nuestra mente, permitiéndole madurar. La vida cotidiana nos ofrece una gran cantidad de experiencias útiles para percibir nuestros sentimientos y darnos cuenta de nuestra forma de comunicarnos con los demás, así como de todos los juicios, las expectativas y las opiniones que surgen en la mente. Si repetimos este ejercicio con sinceridad, ganaremos en claridad y nuestra visión será cada vez más precisa. Este es un primer paso para salir de la confusión y la ignorancia hacia el despertar.

El término *despertar* a menudo suena fantástico y maravilloso, pero en realidad significa 'liberarse de la confusión'. En el contexto budista, la confusión se refiere a la falta de claridad y de conciencia del funcionamiento de la mente. Esto nos hace dependientes de nuestros sentimientos y opiniones y nos mantiene atrapados en un esquema del que sólo nosotros somos responsables, razón por la que estamos constantemente insatisfechos y encontramos dificultades. En general, cuando un tren se retrasa, la primera reacción de los pasajeros es enfadarse. Al no ser conscientes de la razón del retraso, todos se dejan llevar por la frustración del momento que, sin embargo, no cambia en nada la situación. Esta falta de conocimiento es la fuente de la insatisfacción. Estos estados emocionales forman el tejido de la confusión humana; podemos pasar la vida sin saber por qué la mente está constantemente tensa y rara vez en paz. Equipados de esta observación, podemos entonces buscar la causa o las causas que están creando las perturbaciones. Una vez identificadas, queda claro que la tensión no tiene justificación. Por lo tanto, se disuelve por sí sola.

Conseguir este resultado es muy sencillo. La dificultad se debe a nuestra implicación en muchas situaciones, a nuestros vastos conocimientos y a los hábitos relacionados con nuestra educación y nuestro contexto cultural, social y, simplemente, humano. Todos estos conocimientos y estas tendencias nos distraen de lo esencial. A esto se añaden las circunstancias de nuestro entorno. Con todo esto, la mente se desborda con facilidad. Tomar conciencia de estos movimientos interiores crea una apertura y una aceptación que nos permiten distraernos menos con los problemas y las dificultades de la vida humana. De este modo, nos convertimos en espectadores de nuestros propios estados emocionales, como si estuviéramos de pie en un puente sobre una autopista y observáramos los coches que circulan a toda velocidad por debajo. A salvo tras la barandilla del puente, no corremos ningún peligro y, por tanto, no nos preocupa la velocidad de los vehículos que pasan por debajo. Nuestra meta es alcanzar este mismo estado: mantener una distancia con respecto a los movimientos emocionales y conceptuales que surgen en nuestro interior para que la mente permanezca relajada. El objetivo es permanecer constantemente en este estado en lugar de experimentarlo sólo de vez en cuando. Los sucesos mentales seguirán manifestándose; son inherentes a nuestra condición humana. Pero estaremos menos apegados a ellos o ya no los rechazaremos. Se volverán menos difíciles y tendrán menos influencia en nuestras acciones. La mente estará más en paz, con mayor aceptación y menos juicio.

Conseguir una relajación profunda lleva su tiempo. Resulta tentador querer atajar o saltarse pasos, pero esta es precisamente la actitud que nos impide obtener resultados, ya que nos limitamos únicamente a un nivel intelectual, sin integrar las cosas en profundidad. La mente está acostumbrada a recoger información y a acumular conocimientos, lo que genera confusión. No hay nada malo en aprender o saber, ese no es el problema. Sin embargo, debemos ser conscientes de que todo el conocimiento acumulado puede hacer que nuestras opiniones se vuelvan inflexibles y llevarnos a la confusión si no sabemos cómo gestionar este conocimiento.

Para disipar esta confusión, necesitamos crear más espacio en la mente. Esto está, en parte, conectado con nuestro cuerpo físico —ya que nuestras percepciones llegan a través de nuestras facultades sensoriales—, pero también está directamente vinculado a la mente. Debemos actuar sobre estos dos aspectos si queremos relajarnos y alcanzar, por tanto, más paz. Así, los saberes, las enseñanzas recibidas y los conocimientos adquiridos no se reducirán simplemente a un nivel intelectual. Con la práctica, los experimentaremos de forma diferente y estaremos más dispuestos a aplicarlos. Seremos capaces de utilizarlos como referencia para gestionar las situaciones de la vida cotidiana que aparecen tanto interna como externamente. La meditación es la herramienta que utilizamos para crear y afianzar este hábito.

El flujo de pensamientos es continuo, pero, para empezar, tratemos de estar atentos a la aparición de un nuevo pensamiento en la mente. Nos daremos cuenta de que la mayoría de las veces está vinculado a un sentimiento seguido inmediatamente de un juicio binario: es bueno o malo, bonito o feo, agradable o desagradable, etc. En las enseñanzas budistas se habla mucho de las aflicciones: deseo, apego, rechazo, orgullo, etc. Sin embargo, no vemos cómo se producen estos movimientos en la mente, porque esta se ve arrastrada y atrapada al instante por este flujo.

Sin tomar conciencia de este funcionamiento, es imposible remediarlo definitivamente. Si permanecemos en la mente, podemos identificar un pensamiento cuando surge y las diversas condiciones o circunstancias que están asociadas al mismo. Este trabajo nos permite ver cómo se activa una emoción y cómo nos implicamos plenamente en su aparición. Sin esta comprensión clara, no podemos concebir que somos nosotros mismos los que creamos nuestros estados de ánimo. En su lugar, nos centramos en un objeto externo que identificamos como la fuente de nuestra infelicidad. A pesar de que no tenemos control sobre las cosas externas, podemos, sin embargo, ver cómo nuestra mente está completamente dominada por las emociones. Esto influye en nuestra forma de actuar y en las condiciones futuras que creamos. Ver este proceso es, por tanto, una verdadera comprensión del funcionamiento de la mente. Todos estos movimientos se desarrollan en un lapso de tiempo muy breve y, como ya se ha dicho, los pensamientos se suceden sin interrupción. Este complejo mecanismo se aplica a cada pensamiento, lo que conduce a la agitación conceptual y emocional cotidiana de nuestra vida. De hecho, todo se reduce a la sucesión de nuestros pensamientos, y esta comprensión permite que la mente se libere. A partir de ahí, que elijamos seguir un pensamiento u otro tiene poca importancia, ya que sabemos cómo preservar nuestra libertad: todas las percepciones se asimilan como movimientos de la mente que ya no nos influyen, por lo que somos totalmente libres sin dejar de ser personas implicadas en la vida, con todo lo que conlleva.

Si esto es cierto para nosotros, también lo es para todos los demás seres humanos, sin excepción. Actuamos, es decir, creamos causas de las que sufrimos las consecuencias. Centrarnos únicamente en nuestro propio funcionamiento no basta para dar respuesta a todas las situaciones que se nos presentan. Todo el mundo vive en base a distintos hábitos y nuestras interacciones constituyen retos que alimentan los movimientos emocionales y conceptuales de la mente. Cuando observamos a los demás, queda claro lo siguiente: todos somos prisioneros de estos movimientos de la mente. Esta observación conduce a que tengamos una relación más amable, tolerante y abierta con los demás. Este descubrimiento repercute en nuestras reacciones y acciones, es decir, somos capaces de tomar distancia y desarrollar más bondad y compasión. En el contexto budista, el término *compasión* no se refiere únicamente a sentir empatía por quienes atraviesan circunstancias desafortunadas. Su significado es más amplio: implica comprender que las diversas condiciones de vida que experimentan los seres son el resultado de causas que ellos mismos han creado. La compasión no es un sentimiento emocional, sino que requiere una comprensión más amplia.

Un entorno adecuado

Rodearse de influencias positivas favorece este tipo de introspección. El entorno, por supuesto, se refiere tanto a las personas como a los lugares. En general, basamos nuestras decisiones sobre lo que es bueno y lo que es malo en la primera impresión que tenemos; no pensamos lo suficiente para ver más allá de las apariencias. Es un poco como un anuncio publicitario diseñado para tener un impacto en la mente del consumidor y generar en él un deseo inmediato de adquirir el producto que se vende. En otras palabras, un entorno favorable se refiere a un proceso: no son sólo los lugares y las personas los que son más o menos beneficiosos, sino nuestra forma de relacionarnos con ellos. Los lugares desfavorables no son siempre lo que podríamos creer o lo que identificaríamos como algo peligroso o sospechoso. Hay lugares que parecen muy tranquilos, fiables y agradables, pero que en realidad son un vector de emociones, perturbaciones y distracciones y no nos invitan a reflexionar sobre nosotros mismos, ni a cultivar una actitud compasiva hacia los demás.

Nuestro entorno nos influye, a menudo, sin que nos demos cuenta. Al entrar en contacto con un entorno u otro, los hábitos se desarrollan de forma natural, convirtiéndose en caminos ya trillados que seguimos de forma automática. Si el entorno es favorable, influye en la mente de forma positiva y la dirige hacia una mayor claridad y lucidez. Un entorno desfavorable nos mantiene en la confusión, a veces sin que seamos conscientes de ello.

Algunos de los grandes practicantes históricos, como Milarepa (1040/1052-1123/1135), preferían retirarse a las montañas y vivir como ermitaños para consagrar todo su tiempo a la práctica meditativa. Es una posibilidad. También es posible llevar una vida normal, pero con plena conciencia. Esto significa intentar comprender el funcionamiento de la mente, el mecanismo de los actos beneficiosos y perjudiciales y el sufrimiento de los seres, observando lo que ocurre en nosotros y a nuestro alrededor: nuestro modo de vida, nuestra forma de hablar y nuestras acciones. Esta observación honesta nos permite aprovechar la oportunidad de nuestra existencia humana para mejorar y progresar en el camino.

Con los medios de comunicación actuales, estamos a un clic de distancia unos de otros. Esta rapidez desencadena fuertes reacciones; la mente salta fácilmente de un estado a otro, lo que no favorece su estabilidad. Si dejamos que esta tendencia se instale, perderemos toda perspectiva. El resultado es una mayor confusión y una menor apertura hacia los demás, y todas nuestras relaciones se resienten. No se trata de apartarnos de nuestro entorno, sino de ser conscientes de la influencia que ejerce para cultivar el discernimiento. El deseo, los celos, la ira, el orgullo, etc. forman parte de nosotros y son inherentes a nuestra condición humana. Sin embargo, ciertos entornos pueden favorecer su desarrollo. Se trata de ser consciente de ello. Es normal desear un objeto o una persona que nos gusta, pero vivir en base a ello es como beber agua salada: nuestra sed nunca se sacia y siempre necesitamos más. Sin darnos cuenta, nuestras reacciones y acciones están totalmente influidas por los movimientos emocionales y conceptuales que nos invaden.

Todo cambia, todo el tiempo

La infelicidad es un tema recurrente en las enseñanzas budistas. Este término es bastante genérico y abarca experiencias que van desde un leve descontento hasta un intenso dolor físico o mental. De hecho, se refiere a todas las formas de sufrimiento. ¿Qué significa *liberarse* de la infelicidad? ¿Se trata simplemente de dejar de sentirla? La meditación ayuda a identificar mejor las causas y a observar con mayor precisión nuestro modo de vida, lo que constituye la base para ir paso a paso más allá del sufrimiento. Volveremos sobre ello más adelante.

Las causas de la infelicidad no son externas a nosotros, sino que se originan en la mente. La observación atenta nos permite identificarlas como derivadas del apego, de los celos, del orgullo, de la ira, del rechazo, etc. y de todas las expectativas que generan estos movimientos emocionales. El grado de infelicidad es proporcional al grado de apego a las personas o a las cosas (casa, coche, joyas, ropa, etc.). De hecho, cuando una expectativa se ve defraudada o frustrada, se manifiesta el descontento, que suele ir acompañado de más sentimientos y juicios. Así es como creamos nuestra propia infelicidad. Es imposible obligarnos a no sufrir; la infelicidad es un proceso natural e inherente a la vida humana.

Sin embargo, no es inevitable y, puesto que estamos en el origen de este proceso, la buena noticia es que podemos neutralizarlo. Somos dueños de nuestra manera de ver las situaciones. Se trata de ver, con precisión, todas las condiciones de una situación, partiendo de una realidad que todos podemos reconocer: la impermanencia. Todo cambia a cada instante y de forma bastante imprevisible; nada permanece igual, se trate de situaciones, personas u objetos. Gracias a una comprensión íntima de este hecho, el malestar que sentimos será menos intenso o incluso puede llegar a desaparecer. El ciclo de las estaciones es natural: sabemos que las flores florecen en primavera y se marchitan en invierno. Nadie protesta ni se entristece por ello, pues todos sabemos que es la naturaleza de las cosas. La infelicidad surge de las expectativas defraudadas, por aferrarnos demasiado a lo que queremos o no queremos y por ignorar la inexorabilidad de la impermanencia. Cambiar nuestro punto de vista no disolverá inmediatamente el dolor relacionado con la pérdida de un ser querido, por ejemplo, pero hará que la pérdida sea menos incomprensible y contribuirá a una mejor aceptación de la situación actual.

La práctica de los bodhisattvas

Un bodhisattva no es ni un dios ni alguien sobrehumano; es un ser humano ordinario que ha adquirido una comprensión cada vez más precisa de las cosas a medida que progresa en su camino. Estos seres humanos pueden seguir un camino monástico, ser ermitaños o llevar una vida ordinaria como practicantes laicos. Sea cual sea su elección de vida, han alcanzado la plenitud personal a través de su práctica, caracterizada en particular por la ausencia de infelicidad. Esto no significa que nieguen o sean ingenuos respecto al mundo que les rodea, sino que han adquirido una comprensión plena de las causas que crean las dificultades y los problemas de los seres. El hábito creado al entrenar su mente les permite detectar la aparición de un movimiento emocional e identificar claramente sus causas. Provistos de esta claridad, saben que no hay razón para someterse a su influencia, por lo que evitan sucumbir a ella. El mecanismo que conduce a la infelicidad se detiene así en su origen.

Como cualquier otra persona, un bodhisattva se ve afectado por emociones y pensamientos. Sin embargo, consigue identificarlos con rapidez y precisión. Los disuelve casi al instante, porque comprende su inutilidad de inmediato. La gente a veces piensa que estos seres realizados se parecen a los ángeles, pero no es lo mismo. Conservan su carácter y temperamento humanos, pero sus percepciones emocionales ya no perturban la estabilidad y la claridad de su mente. Familiarizarse con este camino es un proceso. No se puede cambiar de la noche a la mañana, sin ninguna transición. Se trata más bien de progresar, paso a paso.

Un bodhisattva ve a los demás de forma diferente. Su percepción es más sutil y precisa de lo normal y no cambia según las fluctuaciones de su mente. Nuestra percepción cambia constantemente, como si estuviéramos ebrios: bajo la influencia del alcohol, nuestro comportamiento o nuestras palabras se alteran. Una vez pasados los efectos, recuperamos el sentido. En nuestro caso, estamos intoxicados por nuestras emociones. Los bodhisattvas saben que la gente tiene pensamientos negativos o actúa de forma perjudicial porque su mente está confusa y se deja llevar por distintos tipos de emociones. Si alguien está muy apegado a su posición o a sus posesiones, este estado influye en sus acciones y le empuja a actuar para proteger lo que es importante para él.

Un bodhisattva es consciente de este funcionamiento y esta comprensión suscita naturalmente la compasión en su interior. Como un médico que trata la enfermedad, sin juzgar si un paciente merece más atención que otro, un bodhisattva adopta la misma actitud hacia todo el mundo porque ve las causas y las condiciones que intervienen y conoce las reacciones y las consecuencias que pueden provocar. Comprende que todo el mundo es sincero. Esta visión universal conduce a la compasión y a una percepción ecuánime de todos los seres y, por tanto, a una mayor tolerancia. Esta ecuanimidad no es forzada ni artificial. Cuando está presente, las interacciones con los demás se simplifican, las reacciones se vuelven menos impulsivas y aparece una mayor armonía entre todos.

Cuando conseguimos ver nuestros estados mentales, como hace un bodhisattva, los problemas de la vida cotidiana disminuyen porque nos damos cuenta de que no es necesario preocuparse ni tener miedo.

Para avanzar en esta dirección, no es necesario adoptar un estilo de vida concreto. La única dificultad reside en nuestra amnesia. Nos olvidamos de observar lo que ocurre en nuestra mente en cuanto nos enfrentamos a una situación que nos produce malestar. Las emociones del momento invaden inmediatamente la mente. No vemos que nuestra infelicidad está vinculada al ego, a los celos, al apego, etc. El reflejo es dejarse llevar por lo que aparece en la mente. Nuestra tarea consiste, pues, en cambiar nuestros hábitos. Tenemos que dedicar tiempo a observar si lo que sentimos es real o no, a identificar sus causas, a ver con precisión las conexiones entre las emociones que generan respuestas automáticas sobre las que no tenemos control. Una vez que nos acostumbramos a este ejercicio, somos más conscientes de los movimientos de nuestra mente y vemos con más claridad las semillas plantadas y los efectos generados. Este análisis reduce la influencia de nuestros juicios y sentimientos y dejamos de estar velados por los movimientos emocionales y conceptuales de nuestra mente.

Este entrenamiento no debe convertirse en una fuente de tensión; simplemente hay que aplicarlo con regularidad y en función de las situaciones que se nos presenten. La regularidad crea hábito. A medida que vamos adquiriendo mayor claridad, intentamos ponerla en práctica con nuestra familia y amigos. Habremos integrado esta práctica cuando seamos capaces de aportar soluciones a problemas importantes en base a esta claridad.

A finales de los años setenta, un maestro tibetano llamado Guendun Rinpoche (1918-1997) se instaló en Auvernia, Francia. Todos los que le conocieron pueden dar fe de lo mismo: siempre estaba de buen humor y no experimentaba sufrimiento alguno. Mostraba una gran compasión por todos y no escatimaba en esfuerzos para ayudar a los demás.

Una observación rápida nos permite llegar a la misma conclusión: la vida es una sucesión de momentos felices e infelices, de bienestar y malestar. ¿Qué hace posible permanecer en una dimensión libre de estas fluctuaciones? La claridad mental, es decir, la comprensión de que no hay razón para sufrir. Estamos constantemente pasando las manos por ortigas y, sin embargo, ¡nos sorprende que nos ardan los dedos! Del mismo modo que no tocar estas plantas nos permite librarnos de que nos piquen, si no creamos las causas que provocan infelicidad, no padeceremos sufrimiento alguno. La diferencia entre un bodhisattva como Guendun Rinpoche y nosotros radica en que él conoce las causas que hay que cultivar para ser feliz y las que hay que evitar para no sufrir.

El objetivo de emprender el camino del bodhisattva es llegar a ser como Guendun Rinpoche; por ejemplo, obtener una profunda serenidad y claridad mental que nos permita ser verdaderamente útiles a los demás. La compasión es el resultado natural de una comprensión profunda. Cuando comprendemos que todos los seres están sujetos al mismo funcionamiento y crean las causas de su propia infelicidad, adquirimos un discernimiento que no está sujeto a impulsos emocionales egocéntricos y que, por tanto, deja espacio para un nuevo modo de ser. La compasión por obligación no funciona. La compasión auténtica y eficaz siempre aparece de forma natural.

Capítulo 2: Puntos de referencia

El trabajo de examinar el estado de las cosas descrito en el capítulo anterior da lugar a una comprensión más profunda del funcionamiento del ser humano y de las condiciones que le son inherentes. El valor de la existencia humana se contempla desde una perspectiva que va más allá de la puramente material. En la sociedad actual, es importante tomar decisiones y asumir responsabilidades que contribuyan a cierta forma de seguridad (financiera, familiar, etc.). También apreciamos tener una vida agradable, en la que podamos divertirnos y pasarlo bien. El budismo va más allá y propone añadir seguridad a largo plazo teniendo en cuenta no sólo esta vida, sino las venideras.

Garantizar que tendremos buenas condiciones hasta nuestra muerte es una cosa, pero el budismo propone seguridad también para las vidas futuras. Por eso nos preparamos para disfrutar de buenas condiciones en términos relativos, para la vida presente, pero también sentamos las bases —a nivel de la mente— para obtener seguridad a largo plazo, de modo que no tengamos que enfrentarnos a dificultades futuras.

A partir de la conciencia del carácter cambiante e imprevisible de todos los fenómenos, del valor de la existencia humana y del mecanismo de causa y efecto, podemos trabajar para liberarnos de la confusión que naturalmente empaña nuestra percepción de la realidad. Si queremos seguir este camino y orientar nuestra vida en esta dirección, existen puntos de referencia que son útiles para facilitar nuestro progreso y evitar que nos desviemos y perdamos el tiempo.

En el budismo, este punto de referencia es *tomar refugio* y tiene tres aspectos. La expresión *tomar refugio* tergiversa un poco su significado literal. En tibetano, significa 'ir hacia la protección': la de Buda, la de sus métodos y la de quienes los han realizado poniéndolos en práctica. En la vida, nada ni nadie puede ofrecer una protección material o externa permanente y estable. ¿En qué se diferencian Buda, su enseñanza y la comunidad de practicantes realizados?

En primer lugar, Buda no es un dios al que adoramos y que puede librarnos de nuestra condición si le complacemos o puede crearnos obstáculos si no le complacemos. Es el ejemplo de un hombre que hizo su camino, paso a paso, hasta descubrir cómo acabar definitivamente con la infelicidad, es decir, hasta alcanzar el despertar. En segundo lugar, su enseñanza no es un dogma, sino que se compone de diversos métodos que poner en práctica y probar en función de nuestra propia afinidad por uno u otro método, para que nosotros mismos podamos convertirnos en budas. De hecho, la enseñanza está compuesta de conceptos que hay que comprender y aplicar. Por último, los practicantes realizados que han recorrido este camino y han aplicado sus métodos son los guías y las fuentes de inspiración, a imagen de los bodhisattvas. Esta protección es diferente de aquellas con las que estamos familiarizados, porque no actúa desde el exterior: tenemos que instaurarla en nuestro interior.

Buda, sus métodos y quienes los han llevado a cabo —quienes los encarnan y transmiten— constituyen puntos de referencia y pautas para integrar en nuestra vida cotidiana, sin ningún requisito de edad, condición física, capacidad intelectual, clase social o sexo. El refugio es universal y está al alcance de todos. El mensaje es sencillo, pero comprenderlo puede llevar tiempo. Eso depende de cada uno de nosotros.

¿Qué es el despertar? Es un estado estable, libre de toda infelicidad. En este estado, la mente tiene claro que no hay motivo para dejarse llevar por la confusión o crear las condiciones para sufrir. Pero es un estado que no se alcanza en el transcurso de un seminario de una semana. Es un viaje, y es importante ser consciente de que, hasta el final del camino, seguiremos encontrando las dificultades inherentes a nuestra existencia imperfecta.

Tomar refugio es un método que puede conducir a la liberación definitiva del sufrimiento mediante la realización del despertar. Otros caminos permiten alcanzar ciertos niveles de realización, pero no el estado de budeidad. Es interesante observar que el objetivo de la práctica de la meditación en el budismo Mahayana (llamado *gran vehículo*), que seguimos aquí, es llevar al propio practicante a convertirse en un buda. En las antiguas escuelas del budismo indio, nunca se trató de alcanzar el despertar. Gracias a los métodos propuestos, los practicantes de estas escuelas podían aspirar a niveles muy altos de realización, como la liberación, pero nunca al despertar completo y perfecto.

Buda

¿Por qué deberíamos querer convertirnos en un buda? ¿Qué significa liberarse definitivamente del sufrimiento? Estos dos puntos son cruciales y a menudo no nos tomamos el tiempo necesario para reflexionar sobre ellos. Cuando nos sentimos muy mal, deseamos, desde lo más profundo de nuestro ser, liberarnos totalmente del sufrimiento, pero en cuanto nuestro problema actual se resuelve, la necesidad de alcanzar el despertar deja de ser tan acuciante y se reanuda el funcionamiento rutinario. Por eso es importante reflexionar, observar lo que ocurre en nosotros y a nuestro alrededor y compararlo con las palabras de Buda. Así es como podemos anclar una dirección en lo más profundo de nosotros.

Antes de alcanzar el despertar, Buda llevó a cabo una amplia investigación. Observó cómo viven los seres y a qué están sujetos todos ellos, cuáles son sus condiciones reales. Vio que el nacimiento, la vejez, la enfermedad y la muerte son estados inherentes a los seres humanos. Esta observación parece obvia y, sin embargo, a menudo no consideramos realmente sus implicaciones, razón por la que no somos verdaderamente libres y somos prisioneros de las circunstancias que creamos (el karma), por un lado, y las condiciones que nos rodean, por otro. Consciente de ello, el Buda Shakyamuni buscó una solución. Probó varios métodos hasta que encontró el que le liberaría definitivamente de este modo de funcionar. Así fue como Buda alcanzó el despertar al final de su viaje meditativo. A veces es útil analizar nuestra vida cotidiana, nuestro modo de vida, el nuestro y el de los demás, no sólo en términos de los últimos años, sino a mayor escala, y considerar las cosas en su conjunto.

Esta observación, combinada con los métodos sugeridos, en particular el del refugio, nos permite empezar a poner fin a la infelicidad y a las dificultades que encontramos. Nadie busca directamente el sufrimiento, pero, sin quererlo, actuamos sin tener en cuenta las consecuencias de nuestros actos. El karma funciona como una planta: cuando sembramos una semilla, esta crecerá cuando se reúnan todas las condiciones para su correcto desarrollo. A su debido tiempo, florece y produce semillas propias que se esparcen en la tierra y vuelven a brotar, y así sucesivamente. Los seres humanos como nosotros y la vida tal como la experimentamos son el resultado del encuentro de nuestro karma y las circunstancias que nos rodean.

Buda no inventó nada, simplemente describió el proceso natural de la vida y explicó cómo funciona, con todo lo bueno y lo malo que tiene, sin errores ni exageraciones. Por tanto, tomamos refugio en Buda como fuente de este descubrimiento. El Buda Shakyamuni no difundió su descubrimiento ni sus métodos por su cuenta; se limitó a responder a las preguntas que le planteaban y a las peticiones que le hacían, de forma que sus explicaciones pudieran beneficiar a los demás. Todas sus respuestas apuntan en la misma dirección: la liberación definitiva de la infelicidad. Todos los seres sensibles aspiran a adquirir las condiciones para ser felices y todos intentan torpemente conseguirlas; esto funciona temporalmente, pero nunca a largo plazo. Nos refugiamos en Buda porque consiguió realizar de forma permanente este estado más allá de toda infelicidad, por lo que representa la posibilidad de alcanzarlo.

En tibetano, el término *buda* se compone de dos sílabas que encierran un gran significado. La primera significa que ha superado el funcionamiento emocional y conceptual ordinario del ser humano, de modo que ya no está sujeto a confusión. La segunda sílaba indica que ha desarrollado al máximo las cualidades de su mente. Gracias a su viaje, es decir, al proceso de reconocer y agotar el funcionamiento de la mente ordinaria, se ha liberado de la ignorancia y ha obtenido claridad. Estos dos aspectos funcionan como los dos lados de una balanza: si hay menos confusión, hay mayor claridad. Todos los seres sensibles están dotados de este mismo potencial de claridad y conocimiento, también llamado *naturaleza de Buda*. En otras palabras, todo el mundo puede convertirse en buda porque este potencial es inherente a la naturaleza de todos los seres. Si conseguimos pacificar los movimientos que perturban la mente, como las distintas emociones, opiniones, ideas fijas o hábitos, ganaremos discernimiento y claridad mental, además de desarrollar cierta sabiduría. Así, nos refugiamos en el Buda porque encarna cualidades libres de toda confusión.

A menudo tenemos la impresión de entender algo la primera vez que lo oímos. Y esto no es diferente en el caso de los conceptos que aquí se presentan. Sin embargo, sigue habiendo un problema: lo que hemos escuchado no conduce a ningún cambio significativo en nuestra vida cotidiana. Este es el quid del problema. Entendemos muchas cosas, pero esta comprensión está condicionada: depende de otras nociones adquiridas previamente a través de nuestra educación, nuestro contexto familiar, nuestro entorno social y profesional, etc. El conocimiento de un buda no se rige por estos mecanismos confusos; su mente es totalmente independiente.

Con perseverancia y esfuerzo, una persona puede adquirir un conocimiento profundo de un tema, a la manera de un investigador científico. Sin embargo, el perfecto dominio de un tema no significa que uno sea omnisciente e inmune al error. En el caso de un buda, no se trata de un proceso de adquisición de conocimientos, sino de un estado mental: una cualidad de la percepción que no se ve cubierta por ningún velo, ya sea emocional, kármico, cognitivo o basado en los hábitos. Así, lo conoce todo, en su totalidad y en detalle. No está influido por *sí mismo*, como podríamos estarlo nosotros. El proceso de convertirse en un buda consiste en volver a la fuente, a nuestra naturaleza, libre de todos los velos que la cubren. Por tanto, nos refugiamos en este estado de plenitud de cualidades para poder realizarlo por nosotros mismos. Cuando elegimos seguir un camino, es útil saber a dónde conduce. Por lo que es importante conocer las cualidades de aquello en lo que queremos convertirnos.

En este mundo, muchas personas poseen gran claridad mental. ¿Cuál es la diferencia, entonces, entre estas personas y un buda? Un buda no experimenta infelicidad. Un ser humano corriente puede tener grandes cualidades, como un genio, pero experimenta sufrimiento: cae presa de sus emociones y de la confusión a otros niveles y comete errores. Un buda no experimenta sufrimiento porque su mente es tan clara que no surgen en ella las condiciones que llevan al sufrimiento.

Es interesante señalar que el gran discernimiento de Buda le permitió describir formas de vida existentes tanto en el magma como en las zonas más frías del mundo y en las profundidades del océano. Estas descripciones han sido confirmadas recientemente por la investigación científica moderna. Buda aceptó explicar los métodos que debemos poner en práctica para cambiar nuestras condiciones. Nada ni nadie juzga nuestros actos ni decide castigarnos o recompensarnos; se trata simplemente de un proceso desencadenado por una ignorancia fundamental que hace que sigamos nuestras percepciones y sensaciones individuales. De este modo, creamos una abundancia de causas kármicas de distinta naturaleza, que dan lugar a diferentes condiciones de vida. Un buda percibe la realidad porque su conocimiento no pasa por el filtro de los oscurecimientos ligados a sí mismo o a una forma egocéntrica de funcionar. La claridad mental va acompañada automáticamente de una apertura a los demás: la compasión. Un buda ya no tiene el reflejo egoísta de considerar las cosas en base a sí mismo, sino que está totalmente volcado hacia los demás.

Una vez más, dedicar tiempo a examinar qué es un buda y a qué se refiere este término en el contexto del refugio contribuye a sentar unas bases sólidas. Abordar la cuestión desde distintos ángulos —el del hombre, el Buda Shakyamuni, el de un estado mental y sus cualidades y el del resultado de un proceso— permite tener una visión de conjunto.

Los métodos

El segundo aspecto del refugio es el de los métodos o enseñanzas, llamados *dharma* en sánscrito. Se refiere al camino enseñado por Buda, cuya visión puede resumirse en cuatro puntos: los fenómenos compuestos son impermanentes; todo lo que se caracteriza por el aferramiento es infelicidad; todos los fenómenos están desprovistos de un yo; la infelicidad queda totalmente eliminada en el estado más allá del sufrimiento. Un bodhisattva los pone en práctica cultivando lo que es beneficioso (para sí mismo y para los demás), absteniéndose de hacer daño y dominando su propia mente.

Las enseñanzas no son reglas que debamos seguir al pie de la letra, sino consejos para poner en práctica en la vida. Son puntos de referencia a los que podemos recurrir para valorar si lo que estamos haciendo está de acuerdo con la dirección del despertar o no. Todo depende de la calidad de la atención y de la lucidez de lo que hacemos. De hecho, la mayor parte de las veces seguimos el ejemplo de la mayoría de la gente. Actuamos basándonos en el ejemplo de quienes nos rodean y de nuestro entorno. Remitirnos a la enseñanza de Buda nos ayuda a discernir nuestra manera de ser y de actuar. Así, podemos verificar si vamos en la dirección del despertar o si, por el contrario, estamos reforzando ciertos hábitos que alimentan nuestra infelicidad. Familiarizarnos con los conceptos del dharma nos ayuda a tomar conciencia de las acciones que llevamos a cabo, para poder centrarnos en lo que es beneficioso.

La vida es siempre una combinación de acciones beneficiosas y perjudiciales. Adquirir discernimiento nos permite comprender las situaciones tal y como son realmente, con menos filtros emocionales o cognitivos. Así, podemos intentar encontrar respuestas positivas a las situaciones que se nos presentan. La vida no es algo malo que debamos superar o de lo que debamos apartarnos; por el contrario, de lo que se trata es de vivir la vida plenamente, y la condición para que esto sea posible es esforzarse por aquello que es beneficioso. Esto es lo que crea condiciones favorables. Atenerse a esta pauta es a veces un reto, sobre todo en una sociedad de la información en la que la velocidad y la cantidad de datos transmitidos crean a menudo más confusión que claridad. Por eso es tentador dejarse llevar y ceder al descontento del ambiente, al miedo o a la ansiedad. Sin embargo, nada es blanco o negro; nuestro universo se compone de toda una gama de grises.

Cuando la enseñanza de Buda subraya que todos los seres sensibles actúan negativamente, no significa que seamos malvados. De forma totalmente inocente, actuamos para satisfacer nuestras necesidades básicas, pero también nuestros deseos, a menudo sin hacernos demasiadas preguntas, y luego nos sorprendemos al encontrar dificultades. La enseñanza budista ofrece un enfoque de las situaciones que permite que la mente esté más relajada y menos controlada por el miedo, lo que facilita la relación con los demás. El dharma tiene en cuenta, en particular, la ignorancia y el hecho de que la mente se deja llevar por el flujo continuo de sucesos conceptuales y emocionales; se tiñe de su influencia y, al final, actúa bajo su impulso. Uno de los métodos que enseñó Buda consiste en observar lo que ocurre en nuestro interior. La secuencia de nuestros pensamientos y acciones se va haciendo visible y, a medida que gana en claridad, la confusión se disipa. Sobre la base de esta comprensión, todo se vuelve más agradable y placentero.

La práctica del dharma siempre comienza con grandes expectativas y cierta emoción. Esto disminuye con el tiempo, y es importante ser consciente de ello para no decepcionarse. Estos métodos requieren tiempo, al igual que un hábito no se adquiere de la noche a la mañana. Para observar lo que pasa por la mente, hay que calmarla y aclarar los movimientos que la atraviesan, por eso Buda enseñó el método de meditación. Desarrollaremos esta técnica con más detalle en un capítulo posterior. No obstante, la aplicación regular de la meditación cambia nuestra forma de percibir las cosas. Además, este momento de introspección solitaria nos ofrece cierta perspectiva sobre situaciones en las que intervienen otras personas; de este modo, podemos reconsiderar nuestras interacciones y comprender mejor el origen de nuestras perturbaciones. Si no nos limitamos a una visión superficial y analizamos nuestras relaciones con mayor profundidad y honestidad, nos daremos cuenta de que la fuente de nuestras perturbaciones no son los demás, sino nosotros mismos: nuestras expectativas cumplidas o defraudadas, nuestros deseos o nuestra ira. Empezar aplicando los métodos del dharma con nosotros mismos nos permite comprender qué es la ignorancia y cómo se crea la ilusión que condiciona nuestro karma. También se revela claramente otro aspecto: las demás personas están sujetas, por su parte, a los mismos movimientos interiores que nosotros.

Con la práctica, se desarrolla una comprensión natural, ¡incluso hacia las personas más desagradables! Nuestra mente se vuelve más sabia y tolerante. El camino espiritual toma forma a medida que lo ponemos en práctica. Las enseñanzas deben experimentarse en nuestra vida cotidiana, de lo contrario siempre habrá una brecha entre el conocimiento de los métodos, por un lado, y la vida, por otro. El objetivo es vivir las enseñanzas de Buda. Esto no hará que la vida sea perfecta, pero se moverá naturalmente hacia lo que es beneficioso y se alejará de lo que causa sufrimiento.

La práctica budista da prioridad a la observación personal en relación con las enseñanzas de Buda, para evitar simplemente imponer un juicio o una opinión individual al objeto de nuestra reflexión. Las dudas y la confusión pueden aparecer de forma natural, pero se disiparán a medida que nuestra mirada se vuelva más aguda y precisa. La claridad facilita el avance en el camino: una vez comprendido el sentido, no es necesario hacer ningún esfuerzo para seguir en una dirección determinada. Por el contrario, se convierte en una orientación espontánea que no encuentra ninguna resistencia interna.

La clave reside en la calidad de estabilidad mental que desarrollamos: si la mente consigue permanecer tranquila y serena, deja de estar a merced de las situaciones que se le presentan. No pone en marcha el mecanismo que genera infelicidad. El método del dharma ofrece respuestas distintas a las dictadas por nuestras tendencias. Buda impartió varios tipos de enseñanzas, ya que los seres humanos tienen diferentes capacidades, temperamentos y caracteres. Por eso existen diferentes escuelas de budismo, cada una de las cuales hace hincapié en un método específico. La elección de una u otra depende de nuestra afinidad. Sin embargo, una vez que hemos elegido una dirección, el objetivo es comprender su propósito e intentar ponerla en práctica para obtener el resultado deseado. Antes de comprometernos, es recomendable conocer bien el objetivo. El objetivo de la enseñanza, desde nuestra perspectiva, es ayudarnos a convertirnos en budas.

Tomar refugio en el dharma no significa escuchar bonitas palabras. Se trata de encarnar el significado de la enseñanza en nuestras vidas. Remitiéndonos al dharma y aplicando sus métodos, podemos desarrollar las cualidades de un buda y alcanzar una solución definitiva a la infelicidad.

Los compañeros de viaje

Para aprender estos métodos no basta con leer un libro. El ejemplo de quienes han recorrido el camino antes que nosotros nos ofrece un punto de referencia, un estímulo y una fuente de inspiración necesaria en este camino. Tomar refugio en la sangha, o comunidad de practicantes experimentados, significa buscar a personas cualificadas que nos ayuden a comprender el significado de las enseñanzas budistas y a progresar en el camino. En otras palabras, se trata de realizar las mismas capacidades que estos practicantes siguiendo su ejemplo, como hicieron los bodhisattvas.

El maestro desempeña un papel esencial en este proceso, ya que transmite y explica el significado de la enseñanza y sus métodos de aplicación. En *El precioso ornamento de la liberación* el maestro Gampopa insiste en las cualidades de tal maestro. Debe tener un conocimiento profundo de la palabra de Buda, debe ser capaz de responder a todas las preguntas relacionadas con el dharma y debe, él mismo, aplicar y vivir lo que enseña. Se dice que un maestro así es ordinario: guía nuestros pasos en el camino del bodhisattva, pero él también está en el camino y progresa de esta manera.

Muchas personas adquieren un conocimiento sólido del dharma. Como para cualquier materia, lograr una comprensión intelectual y teórica está al alcance de todos. Sin embargo, un erudito no es necesariamente un buen maestro. De hecho, la aplicación de la enseñanza es igual de importante. Si el maestro no aplica él mismo lo que explica, su transmisión queda incompleta y el alumno no puede obtener todas las cualidades de la enseñanza. Este problema es igualmente cierto como estudiante: escuchar las palabras de Buda sin aplicarlas no permitirá obtener el resultado pretendido. Simplemente adquiriremos una comprensión intelectual que no transformará nuestro funcionamiento básico. Para el maestro, como para el alumno, la fase de aplicación concreta es el elemento que garantiza la autenticidad del resultado.

También hay otro tipo de maestros conocidos como *extraordinarios*. Estos maestros son héroes, no porque tengan superpoderes, sino porque encarnan las enseñanzas de Buda y su único objetivo en la vida es lograr el bien de todos los seres. Son los bodhisattvas que tienen un dominio y una realización tan completos del dharma que están libres de toda confusión. Todas sus acciones están desprovistas de motivaciones egoístas y, en cambio, están dedicadas a ayudar a los demás. Estos maestros modelo son fuente de inspiración a lo largo de todo el camino.

Sus biografías son herramientas útiles: revelan que estos bodhisattvas sólo vivieron la enseñanza y la vivieron con plenitud. Algunos de estos bodhisattvas vivieron en condiciones miserables, sin que ello fuera una fuente de sufrimiento o un problema. Otros, por el contrario, disfrutaron de un entorno de abundancia, sin generar ningún apego a esta forma de vida. Estos ejemplos nos permiten comprender la esencia de la práctica en el camino budista. Los bodhisattvas pueden ser seres humanos corrientes de carne y hueso; es sólo su estado mental lo que los diferencia de los demás. Su mente está, de hecho, más relajada e imbuida de una mayor sabiduría. La ausencia de miedo, preocupación e infelicidad les confiere una gran capacidad para ayudar a los demás. Una mente que no está sujeta a fluctuaciones emocionales o conceptuales está equilibrada y disponible para los demás.

Tomar refugio en estos seres significa seguir su dirección y desarrollarse a su imagen. A veces no sabemos identificar lo que es beneficioso o útil a largo plazo y tomamos el camino que parece más rápido o que ofrece los resultados más atractivos a corto plazo. Esto no significa que vayamos en la dirección equivocada, sino simplemente que no avanzamos hacia un beneficio que es ilimitado y no está sujeto a la impermanencia.

Un bodhisattva es una persona cuya mente está impregnada de bondad y compasión, y cuyas acciones tienen como único objetivo ayudar a los demás. Desea mejorarse a sí mismo y desarrollar sus cualidades, con la única motivación de poder ayudar a los necesitados. El objetivo de su progreso no es la satisfacción personal, sino la perfección de sus cualidades en beneficio de los demás. Un bodhisattva percibe claramente las dificultades de los seres y las causas de sus problemas, así como sus consecuencias. Por ello, desea poner a su disposición los medios para superarlos, tanto temporal como definitivamente. Con este objetivo claro en mente, no se desvía del camino para alcanzarlo, sean cuales sean los obstáculos o las circunstancias que encuentre.

Siguiendo el ejemplo de estos excelentes compañeros, podemos estar seguros de que vamos en una dirección beneficiosa no sólo para los demás, sino también para nosotros mismos. La motivación, la actitud y la aplicación puras proporcionan una base estable para el desarrollo de uno mismo. Las complicaciones de la vida cotidiana ya no nos perturban. Así podemos elegir el método que más nos convenga y ponerlo en práctica hasta que se convierta en una segunda piel y se instale en nuestro interior.

Sean cuales sean las situaciones y las dificultades a las que se enfrentan los bodhisattvas, siempre actúan de forma beneficiosa. Esta actividad no es temporal ni provisional. Toda persona que desee emprender un camino espiritual debe tener claro el resultado que desea obtener y los medios que debe emplear para conseguirlo. Esta reflexión nos invita a reconsiderar nuestras prioridades en la vida y el tiempo que dedicamos a las distintas actividades. Algunas tareas exigen mucho tiempo, pero ¿son realmente útiles? Debemos precisar nuestra intención y nuestro nivel de compromiso, de lo contrario nos encontramos con contradicciones entre nuestras aspiraciones y lo que hacemos para alcanzarlas. Los bodhisattvas nos ayudan, pero no pueden recorrer el camino por nosotros, por eso es importante saber qué queremos a largo plazo. Este análisis no se realiza únicamente antes de emprender el camino; es una forma de mirarnos a nosotros mismos que debemos renovar periódicamente para asegurarnos de que nuestras acciones están en consonancia con nuestras aspiraciones.

Estos compañeros, que están mucho más avanzados que nosotros, son también la garantía de un entorno cuya influencia es beneficiosa. Si deseamos desarrollar cualidades idénticas a las suyas, será propicio rodearnos de este tipo de personas. Los lugares y las personas que componen nuestro entorno nos influyen en un sentido u otro. Si la bondad y la compasión son las cualidades que deseamos desarrollar, relacionarnos con bodhisattvas o con un maestro espiritual que enseñe y cultive estos aspectos nos ayudará a revelar nuestras capacidades y a orientar nuestra actitud en esta dirección. Al mantener un estado mental virtuoso, creamos una corriente de positividad que tiende naturalmente hacia lo beneficioso. Lo contrario también es cierto: los malos hábitos conducen inexorablemente a otros negativos. No se trata de convertirnos en alguien irreprochable de un día para otro, sino de cuidar nuestro estado mental y ser conscientes de nuestros actos. Reconocer una intención dañina o identificar un acto perjudicial nos permite enmendarlos y aspirar hacer las cosas de otra manera en el futuro, lo que genera una espiral positiva ascendente.

Podemos realizar este ejercicio para nosotros mismos, pero también para los demás. En efecto, el poder de los deseos que formulamos para que los demás actúen de forma beneficiosa refuerza la corriente positiva en nuestra propia mente y repercute igualmente en nuestro entorno.

El vínculo entre la vida y el cojín

Tomar refugio en Buda, los métodos —en otras palabras, el dharma— y la sangha, la comunidad de bodhisattvas, no es una práctica reservada para principiantes o para un momento determinado del día. No es una frase que haya que repetir, sino una referencia que hay que tener presente hagamos lo que hagamos. Así es como el refugio pasa de ser un punto de referencia externo a integrarse en nuestra vida y en nuestra mente. La calidad de nuestra presencia en lo que hacemos cambia entonces imperceptiblemente. Se ancla una dirección en nosotros, de forma natural, por el simple hecho de estar atentos y recordar el refugio. Así es como se progresa: sin etapas definidas ni niveles apreciables, sino en los pequeños detalles de la vida cotidiana, en el vínculo entre la vida y el cojín.

Los principiantes suelen imaginar que la práctica espiritual está reservada al cojín, en un lugar tranquilo y relajante ideal para la meditación y la concentración. Esta visión de la práctica espiritual es incompleta. En realidad, la práctica consiste en trasladar a la vida cotidiana los conceptos adquiridos en la sala de meditación. Tomar refugio no significa inclinarse ante una estatua o hacer ofrendas, sino crear el hábito mental del refugio como punto de referencia. Esta presencia natural nos permite actuar como un bodhisattva. Entonces, ya no hay diferencia entre sentarse en un cojín o estar en la vida cotidiana. Al principio, es normal que haya cierta separación entre ambos, pero disminuye a medida que desarrollamos el hábito. Al conectar todo lo que hacemos con las nociones del refugio y la enseñanza budista, espontáneamente nos inclinamos más hacia la bondad y la compasión. Este punto es importante porque da una dirección estable a nuestra vida.

Cada uno de nosotros tiene el potencial de convertirse en un buda. Realizar plenamente este potencial no es fácil, pero, si tomamos refugio en Buda, podemos empezar a seguir la dirección adecuada y progresar hasta alcanzar finalmente este estado. Tomar refugio en el dharma nos permite evitar el sufrimiento y comprender las causas que lo crean y, sobre la base de un compromiso más profundo, evolucionar hacia el despertar. Para seguir este camino, necesitamos el modelo de quienes se han comprometido con él, en el pasado y en la actualidad. Aunque no podamos ser exactamente como ellos, podemos inspirarnos en su ejemplo para desarrollarnos.

Capítulo 3: Bondad y compasión

La bondad y la compasión son los elementos centrales de la práctica de los bodhisattvas. Una sólida comprensión de los mecanismos que dan lugar a la infelicidad, así como un buen conocimiento de nuestros esquemas de funcionamiento, son requisitos previos necesarios para considerar las nociones de la bondad y la compasión. Los bodhisattvas son una fuente de inspiración para generar estas cualidades. No se trata de copiarlos, sino de tomar como referencia su forma de pensar, de comunicarse y de actuar. Estos modelos no son exclusivos del budismo y también existen en otros caminos espirituales; por ejemplo, en forma de santos en el catolicismo.

Cuidar de uno mismo

Las razones para emprender un camino espiritual son muy variadas. En general, el deseo de poner remedio a los problemas o de liberarnos de las dificultades, es decir, de ir más allá de la infelicidad, nos lleva a investigar distintos métodos.

Cuando alcanzamos los objetivos que nos hemos propuesto, experimentamos cierta satisfacción o una gran felicidad, según la intensidad del sentir. Sin embargo, también queda claro que esta felicidad no es duradera. La satisfacción de haber conseguido un determinado resultado da paso a una insatisfacción futura. Esto no es nada sorprendente; es simplemente la naturaleza humana.

Cuando nuestras condiciones de vida son favorables y todo marcha como queremos, las cosas van bien. En cambio, en cuanto un grano de arena se interpone en el rodamiento, todo se bloquea: nuestra mente para empezar. Esto da lugar a discusiones, pensamientos negativos, acciones perjudiciales y diversas perturbaciones individuales que también repercuten de forma colectiva (en la familia, en los grupos de amigos, en la nación, etc.) y pueden incluso degenerar en una guerra. Sin llegar a este escenario catastrófico, es importante darse cuenta de que estos dos aspectos, el individual y el colectivo, siempre están íntimamente ligados.

A pesar de un profundo deseo de encontrarnos sólo con la felicidad, nos mantenemos en una batalla perpetua que repercute en nosotros y en nuestro entorno. La enseñanza de Buda explica que un acto perjudicial puede permitirnos alcanzar un resultado deseado; sin embargo, este acto deja una huella que reaparecerá más adelante. Buda denominó *karma* a este proceso.

El karma puede dividirse en secuencias: primero surge un pensamiento y se materializa en una intención. De este movimiento mental surge un acto (una palabra o una acción). Este acto opera como una causa que tendrá una consecuencia de idéntica naturaleza. Si la naturaleza de nuestros pensamientos, intenciones y acciones es beneficiosa, no tenemos de qué preocuparnos. En cambio, si sembramos constantemente semillas dañinas, debemos ser conscientes de que experimentaremos consecuencias desagradables.

El karma se compone de la fuerza de la intención de la mente, el acto en sí y su resultado. Este proceso funciona tanto a largo plazo como a cada instante, lo que dificulta su observación. Es ineludible para todos y cada uno de nosotros. A cada instante sembramos semillas, ya sean beneficiosas, perjudiciales o neutras. Sin darnos cuenta, perpetuamos este mecanismo y las causas de nuestra infelicidad, alejando cada vez más la felicidad duradera de nuestro alcance. Por eso Buda nos invita a cuidar de nosotros mismos.

Podemos cuidarnos a nivel físico: comiendo y durmiendo bien, haciendo ejercicio de manera regular, etc. Así, fortalecemos nuestra salud y evitamos enfermedades. Cuidar de nuestro entorno también significa cuidarnos a nosotros mismos. En el budismo, hay una dimensión adicional: cuidar la mente. Se trata de tomar conciencia de lo que ocurre, para no limitarnos a seguir los movimientos emocionales y conceptuales en juego. Si los cuidamos, algunos sentimientos o pensamientos pueden degenerar y llegar a dictar nuestras acciones. Seguir el dharma no significa forzarnos ni imponernos restricciones, sino, simplemente, estar atentos a nuestros pensamientos para evitar que influyan negativamente en nuestras palabras y acciones.

La mayoría de nuestros problemas tienen su origen en el deseo y el apego, ambas fuentes de grandes complicaciones en la vida. Merece la pena aclarar un punto para evitar interpretaciones erróneas: la enseñanza de

Buda no nos pide que eliminemos el deseo o el apego. Explica que su presencia desencadena un proceso. A menudo, tanto en Occidente como en Asia, los practicantes tienen la idea de que debemos eliminarlos. El deseo y el apego no son malos o negativos en sí mismos, pero, como ocurre con cualquier aflicción, colorean la mente e influyen en nuestras acciones, a menudo de forma egocéntrica. Esta perturbación emocional interfiere con nuestra capacidad de atención y perdemos de vista lo que estamos haciendo. Por lo general, así es como acabamos actuando de forma perjudicial.

El deseo y el apego son como la comida podrida. El problema no está en la comida en sí, sino en el hecho de que está podrida y, por lo tanto, actúa como un veneno si la comemos.

Permanecer presos de este funcionamiento emocional nos perturba continuamente y nos impide ver las cosas de otra manera. Entonces, ¿qué podemos hacer cuando identificamos este funcionamiento? Aquí entra en juego el ejemplo de los grandes bodhisattvas. Los bodhisattvas no sólo reconocen la presencia del deseo y el apego, sino que también comprenden que están vacíos de esencia. Una de las primeras enseñanzas impartidas por Buda se titula *Los cuatro emplazamientos de la atención*. El examen del cuerpo, de las sensaciones, de la mente y de los fenómenos nos lleva a comprender el sinsentido del apego. De este modo, nos liberamos de su dominio, a la imagen del apego de un niño a sus juguetes: llega un día en que ya no muestra interés por ellos, por muy fuertes que hayan sido sus sentimientos iniciales.

Se hace hincapié en el apego porque lo experimentamos de forma muy real y está muy presente en nosotros; de hecho, constituye la causa principal de nuestro malestar. Reflexionar y examinar el mecanismo del apego aporta una mayor flexibilidad mental. Lo mismo ocurre con el orgullo, la ira, etc. La enseñanza de Buda no nos empuja a erradicar el orgullo. Al contrario, es un motor para alcanzar objetivos en la vida. La enseñanza nos invita, más bien, a reconocer los peligros que puede presentar. El orgullo puede conducir a una mentalidad rígida, a rechazar ciertas cosas adoptando sólo las que nos convienen e ignorando otras, etc. Debemos tratar de observar nuestra mente, no sólo cuando todo está bien, cuando estamos relajados y tranquilos, porque eso no será lo más eficaz. Lo más interesante de observar es cuando la mente está un poco perturbada o insatisfecha. Estas pequeñas experiencias de malestar no parecen muy importantes a primera vista, pero, al analizarlas, agudizamos nuestra perspectiva. El entrenamiento regular no resolverá todos nuestros problemas de inmediato, pero puede provocar cambios con el tiempo.

Nuestro reflejo normalmente es mirar hacia fuera, hacia las condiciones externas. En contraste con este hábito, necesitamos mirar hacia adentro, a la mente misma. Por ejemplo, nos daremos cuenta de que, cuando nuestro orgullo se enfrenta a determinadas circunstancias, se activa y reacciona. Reconocer este proceso lo desactiva y neutraliza su influencia sobre la mente. Podemos ver el mismo escenario con el resto de las emociones. No hemos sido entrenados para tener emociones; nadie nos las ha enseñado. Son simplemente el funcionamiento habitual de nuestra mente. Al distinguir los desencadenantes emocionales, podemos hacer que este proceso ordinario se detenga y que ocupe su lugar otra percepción. La mente desplaza así su mirada egocéntrica y se abre a los demás. Se establece una comprensión diferente y la comunicación con los demás también mejora.

En algunas publicaciones encontramos la expresión *transformar la emoción en sabiduría*. Es importante entender que esto no funciona como un interruptor: no podemos decidir pulsar el botón de *sabiduría* o *emoción* a voluntad. Tampoco significa cubrir la emoción con sabiduría artificial o fabricada. La terminología puede a veces provocar errores de comprensión. Simplemente hay que darse cuenta de que el movimiento emocional y conceptual, si no estamos atentos, puede conducir a acciones perjudiciales. Cuando comprendemos y reconocemos cómo funcionan las cosas, ya no hay confusión, sino sabiduría.

Cuidar de nosotros mismos significa cambiar nuestros impulsos y hacernos las preguntas adecuadas: ¿qué está pasando realmente? ¿Cómo actuaría un bodhisattva en esta misma situación? ¿Cómo puedo adaptarme a esta situación basándome en mi comprensión? Los automatismos no cambian de inmediato, pero nuestra visión cambia poco a poco y emerge un nuevo sentido que crea libertad mental; un espacio que aporta cierta perspectiva y nos permite tomar conciencia de lo que ocurre.

Aunque las tendencias de cada persona pueden variar en intensidad, el funcionamiento sigue siendo el mismo. Los demás pueden convertirse así en un punto de referencia o en nuestro espejo. Darnos cuenta de esto nos hace más comprensivos y también nos permite desenmascarar algunos de nuestros propios juegos emocionales. De este modo, en lugar de sucumbir a la emoción intensa del momento, podemos distanciarnos de ella y no reaccionar en caliente. Con la práctica, nuestra actitud y nuestras acciones cambiarán.

¡Cuántas cosas ocurren en la mente en tan poco tiempo! Observarlo no resulta tan fácil como cabría imaginar. Por eso necesitamos prestar atención a diario y contemplar nuestra forma de pensar, actuar, comunicarnos y percibir a los demás, tomando como puntos de referencia las enseñanzas de Buda. Al principio, las categorizaciones mentales que construimos constantemente, y que se solidifican en ideas fijas, impiden una percepción auténtica de las situaciones y los seres. El único objetivo de la observación es tomar conciencia de nuestros esquemas y juicios, que se manifiestan de forma impulsiva y reactiva. Estos repercuten en nuestra forma de hablar y de actuar, y traen consecuencias. Comprender cómo funciona el karma apoya todo este proceso. Este enfoque nos orienta de forma natural hacia un estado mental beneficioso y, como resultado, las acciones perjudiciales disminuyen.

Como ya hemos subrayado en varias ocasiones, este proceso lleva tiempo y su éxito depende de la sinceridad con la que nos miremos a nosotros mismos (sin culpabilizarnos ni desanimarnos). No llegaremos a ser totalmente perfectos, pero pueden producirse grandes cambios internos.

Según las enseñanzas de Buda, el sufrimiento al que se enfrentan los seres sensibles es simplemente el resultado de las semillas dañinas que se han plantado. Es importante recordar que no se trata de un juicio ni de un castigo. Nadie decide condenar a una persona a la infelicidad perpetua por sus acciones dañinas. Se trata simplemente del funcionamiento mecánico del karma. Puede que no tengamos mucho control sobre el resultado de este proceso, pero podemos actuar sobre la causa.

El mundo está poblado por multitud de seres con condiciones de vida extremadamente variadas. Algunos soportan sufrimientos atroces, mientras que otros disfrutan de circunstancias placenteras. Esto no es fruto del azar ni de la injusticia. Estas causas fueron creadas de antemano y simplemente dan lugar a sus resultados. Esto puede ocurrirnos a cualquiera de nosotros si no cuidamos nuestra mente.

Esta constatación ayuda a afianzar la decisión de causar el menor daño posible y también de dedicarnos a los demás. Una comprensión genuina de las causas del sufrimiento de los seres —la ignorancia del funcionamiento kármico y la falta de atención— modifica nuestra percepción de los demás. La mente se abre a una dimensión de bondad y compasión.

La mente del despertar

La bondad y la compasión de las que hablamos proceden de una comprensión profunda y personal, no de sentimientos emocionales y selectivos. Se trata de desear que todos los seres experimenten la felicidad y sus causas, y se liberen de la infelicidad y sus causas. Un bodhisattva se atiene plena y únicamente a este deseo, en pensamiento, palabra y obra, hacia todos los seres, sin mostrar preferencia alguna.

Extender la bondad y la compasión ecuánimes a todo el mundo parece difícil cuando entra en juego el aspecto emocional. No se trata de sentir empatía hacia una persona en particular, sino que un bodhisattva desarrolla bondad y compasión hacia todos los seres, sin excepción ni juicios.

La bondad y la compasión, también conocidas como *la mente del despertar*, se basan en el conocimiento sutil y no en sentimientos. La compasión emocional puede convertirse muy rápidamente en agresión. De hecho, al tratarse de un sentimiento afectivo, como cualquier movimiento de la mente, puede fluctuar según las circunstancias y acabar convirtiéndose en su opuesto. La mente del despertar, tal y como la cultivan los bodhisattvas, es una percepción precisa de las condiciones en las que viven los seres. Esta comprensión no surge de inmediato, sino que debe desarrollarse a lo largo del camino.

Observar a los pescadores en la playa o en la orilla de un río es una buena enseñanza. Mientras el pez aún se retuerce, vivo, el pescador le clava un cuchillo en las tripas y le corta la cabeza. Ver este espectáculo por primera vez es impactante y provoca una compasión natural hacia el animal (dependiendo de la disposición de cada persona). Sin embargo, si este espectáculo forma parte de nuestra vida cotidiana, se convierte en algo banal, normal. Con el tiempo, no sentimos nada al ver este acto. Incluso puede ocurrir lo contrario: la escena puede hacernos salivar ante la idea de un pescado delicioso y fresco, hasta el punto de convertirnos nosotros mismos en pescadores. La repetición cotidiana de esta experiencia anestesia nuestros sentimientos. Este ejemplo no pretende criticar a los pescadores, sino ilustrar cómo funciona la ignorancia y cómo se forman los hábitos. La compasión debe basarse en la comprensión y luego cultivarse y anclarse en nuestra experiencia cotidiana. De lo contrario, no podremos progresar. Una parte importante del camino es observar atentamente nuestro entorno y su impacto en la mente. Después de todo, es fácil dejarse arrastrar por el discurso emocional al que estamos acostumbrados. Esto puede hacernos perder el potencial beneficioso de la bondad y la compasión. No se trata de distanciarnos estrictamente de un entorno o un ambiente, sino de mantener la vigilancia e intentar sacar conclusiones de nuestras observaciones para progresar en el camino.

La bondad y la compasión son cualidades inherentes a la naturaleza humana. En Europa, por ejemplo, podemos ver que estos conceptos básicos existen en contextos sociales, medioambientales y sanitarios. Intentar reducir el sufrimiento físico y moral forma parte de la mente del despertar. Sin embargo, hay que aplicar otra cualidad: el discernimiento. A veces, la ausencia de conocimiento o de una visión global de la situación puede llevar a cometer errores. Esto significa que la intención beneficiosa inicial no se materializa en un acto beneficioso (a veces ocurre lo contrario, el acto es perjudicial) por falta de discernimiento. Esto no es más que la expresión de la naturaleza humana. La intención inicial es buena, pero no produce el resultado deseado. Al remitirnos a las enseñanzas de Buda, adquirimos un mejor discernimiento, en particular, basándonos en la comprensión del karma.

Las buenas intenciones no son suficientes para actuar de forma beneficiosa. Primero tenemos que dar un paso atrás para estar seguros del impacto de nuestra acción. Sobre esta base, podemos decidir si aprovechamos o no la oportunidad de actuar. Las enseñanzas son una referencia en la medida en que explican cómo hacer ciertas cosas y evitar otras para no perjudicarnos a nosotros mismos ni afectar negativamente a los demás. Se trata de ganar claridad mental para tener un mejor discernimiento y, por tanto, actuar adecuadamente. La meditación nos ayuda a ello. Desarrollaremos este punto en el próximo capítulo.

La bondad y la compasión pueden considerarse a un nivel relativo, como una norma de conducta moral que adoptamos en nuestra vida cotidiana; pero también pueden considerarse como el estado mental que conduce al despertar, en cuyo caso es otro grado de compromiso que permite activar un gran potencial. En este camino hacia el despertar, el centro de atención se desplaza de nosotros mismos a los demás. Como ya no somos el centro de nuestras preocupaciones, las situaciones, las personas y las dificultades ya no nos molestan tanto. Esto no significa que podamos despreocuparnos: tenemos que hacer frente a los problemas que se nos presentan, como todo el mundo, pero nos afectarán mucho menos. Así, la vida es más sencilla y nuestras acciones resultan más eficaces y beneficiosas.

Sobre la base de una vida sencilla orientada únicamente hacia los demás, los bodhisattvas desarrollan capacidades superiores a la media. Este nivel de realización no es un milagro ni magia, sino del desarrollo progresivo de la mente del despertar. La aplicación de la bondad y la compasión junto con el discernimiento nos permite independizarnos más de los conceptos ordinarios de la vida cotidiana y, además, aumentar el alcance y la eficacia de nuestras acciones. Un acto benéfico intencionado llevado a cabo con motivación altruista ayuda a crear condiciones favorables para el futuro.

Elegir dedicarse a un aspecto relativo de la bondad y la compasión para tener una ética personal o comprometerse aún más para que la bondad y la compasión se conviertan en un camino de despertar depende de cada uno. Algunas personas desean concentrarse en la vida presente, mientras conducen su existencia de forma benéfica hasta el final. Es una posibilidad. En este caso, un camino de bondad y compasión a nivel relativo es suficiente. Otras personas se preocupan por lo que ocurre después de la muerte sin saberlo realmente, mientras que otras tienen en mente su próximo destino. Para estas personas, la enseñanza de Buda invita a cuidar la vida presente como preparación para las venideras. Del mismo modo que actuamos en relación al medio ambiente, algunas personas no ven la necesidad de protegerlo y actúan sin prestar atención, otras comprenden que es necesario tomar ciertas precauciones y otras se informan para comprender las repercusiones futuras y se preocupan por la ecología. El nivel de interés es proporcional al nivel de conocimiento sobre el tema.

Lo mismo ocurre con nuestra propia vida. Si comprendemos las condiciones de nuestra vida presente (que incluye nuestros pensamientos, palabras y acciones) y vemos los resultados que tendrán en el futuro, tomaremos conciencia de sus implicaciones. Nos daremos cuenta de que no podemos descuidar el proceso del karma porque nuestra próxima vida depende de eso. Es necesario comprender el significado de la infelicidad y sus causas para desarrollar la mente del despertar.

Como se ha subrayado antes, la motivación y la intención son importantes, pero deben ir acompañadas de discernimiento a la hora de actuar. Un bodhisattva, a través del entrenamiento y la práctica, adquiere capacidades que le hacen verdaderamente útil y beneficioso. Por el momento, somos prisioneros de nuestras tendencias, lo que nos impide tener un nivel elevado de bondad y compasión. Si logramos realizar plenamente la cualidad de la mente despierta, entonces, a imagen de los bodhisattvas, podremos ser útiles y eficaces para todos los seres. Si no, el alcance de nuestras acciones sigue siendo limitado e incierto.

Es cuestión de tomarse el tiempo de reflexionar para comprender claramente lo que comprende la noción de *mente del despertar* y cómo se puede poner en práctica. Las ideas abundan en la mente, pero hay que tener paciencia para verificar lo que es realmente beneficioso antes de embarcarnos en una acción sobre cuyo resultado no tenemos ningún control. De lo contrario, nos mantenemos en un funcionamiento temporal y cambiante que nos conduce a experiencias más o menos felices, porque la referencia que utilizamos no es más que un sentimiento personal afectivo y, por tanto, desconectado de la realidad de la situación. Cultivar un estado mental impregnado de bondad y compasión constituye, pues, un paso importante. Al principio, lo que cultivamos es sólo nuestra propia interpretación, pero, a medida que volvemos a la referencia que es la enseñanza, se desarrolla una comprensión que es algo más que una simple mezcla de intuiciones, sentimientos emocionales y deseos personales. Una certeza se ancla en nosotros sin dejarse manipular por nuestros esquemas mentales. Nuestra percepción de las situaciones y de los demás se vuelve más clara. Desarrollamos la mente del despertar de un modo genuino y menos artificial porque se fundamenta, sobre todo, en la comprensión del proceso del karma. Cuanto más genuino sea este estado mental, más espacio obtendremos. Nuestro punto de referencia cambia entonces, lo que va a influir en nuestro funcionamiento ordinario. Adoptamos una nueva forma de percibir a los demás y nuestro estado mental evoluciona. Un bodhisattva no está preocupado ya de su propia seguridad o infelicidad; su objetivo es progresar hacia el despertar para ayudar a los demás. Esta actitud tiene el *efecto secundario* de resolver las condiciones personales difíciles y disipar nuestra propia infelicidad.

Liberarse

El objetivo del camino del bodhisattva es alcanzar el despertar, es decir, asegurarse condiciones favorables y felices de forma permanente. El bodhisattva trata de liberarse por completo de la infelicidad, lo que conduce a la realización del estado de Buda. Todas las condiciones que encontramos, ya sean agradables o desagradables, están sujetas al cambio, a la impermanencia. El despertar es un estado que no puede modificarse ni alterarse. En general, estamos dispuestos a dedicar mucho tiempo y energía a satisfacer nuestros deseos o alcanzar los objetivos que nos proponemos; el problema es que esta felicidad nunca dura. El principal objetivo del bodhisattva a lo largo de su vida es centrarse en el despertar para erradicar todas las formas de infelicidad; gracias a la estabilidad que proporciona este estado, puede ser verdaderamente útil a los demás. Con demasiada frecuencia, nos conformamos con una experiencia de felicidad inmediata que, a la larga, no nos satisface. Por ello, debemos tomar conciencia de la necesidad de encontrar una felicidad duradera y definitiva.

Se trata de analizar detenidamente lo que tiene sentido para nosotros. Ciertamente, hay muchas cosas importantes en la vida, pero podemos cambiar nuestra forma de pensar. El problema que nos impide hacerlo puede resumirse en una palabra: apego. Aunque queramos convertirnos en bodhisattvas, nuestro excesivo apego a nosotros mismos, a las cosas y a las personas nos frena, y no conseguimos liberarnos de una infelicidad que, sin embargo, no deseamos. No nos damos cuenta de que el apego es el obstáculo que nos hace tropezar. Además, siempre va acompañado de expectativas y esperanzas que, a menudo, se ven defraudadas. Es importante poner remedio a esta ignorancia si queremos ganar independencia y libertad, mediante una reflexión profunda y siendo conscientes de nuestras contradicciones. Preguntarnos con regularidad qué es lo esencial para nosotros aclara, paso a paso, el camino que queremos seguir y lo que implica. De lo contrario, seguimos deseando ir al sur mientras tomamos una carretera que conduce al norte, ¡y seguimos sorprendiéndonos de no llegar a nuestro destino!

El primer paso consiste en tener claro lo que queremos y cómo conseguirlo. Si, como los bodhisattvas, queremos acabar con la infelicidad, tenemos que empezar por observar dónde residen sus causas. Esta mirada introspectiva hace evolucionar nuestra forma de pensar. De este modo, iniciamos el camino que conduce al destino deseado. La mente del despertar es un elemento esencial de este viaje, porque orientar nuestra mente hacia los demás significa soltar el apego a nosotros mismos.

El enfoque ordinario de la felicidad y el enfoque del dharma son totalmente diferentes. En general, evolucionamos basándonos en nuestros sentimientos y percepciones, y consideramos que vivimos de manera adecuada. Sin embargo, en cuanto reconsideramos esta impresión en relación con la noción de liberación, vemos los defectos de esta actitud que inicialmente parecía natural. Mientras no utilicemos la liberación como punto de referencia, pensaremos que la infelicidad y las dificultades son el precio que tenemos que pagar en la vida para disfrutar de algunos placeres y de un bienestar a corto plazo. Cuando empezamos a reflexionar sobre la liberación, al principio nos sentimos un poco confusos porque nuestras referencias habituales se ponen patas arriba, pero esto nos lleva a una percepción y una experiencia diferentes de las situaciones, desafiando nuestra forma actual de vivir y percibir las cosas.

Comprender las causas de la infelicidad es crucial para dar lugar a una auténtica mente del despertar. Además, un examen rápido revela que el placer y la felicidad derivados de satisfacer nuestras esperanzas o expectativas no son duraderos y se desvanecen rápidamente. Liberarse de esto para alcanzar un estado estable, el despertar, parece pertinente. Entonces podemos reorientar nuestros esfuerzos hacia algo realmente útil: el desarrollo de la mente del despertar. La bondad y la compasión dirigen nuestra mirada hacia los demás. Al igual que nosotros, los demás crean las condiciones de su infelicidad futura. De esta observación surge un profundo deseo de ayudarles, pero, para ello, debemos desarrollar nuestras propias capacidades, comprometiéndonos en el camino hacia el despertar. Este es el objetivo de los bodhisattvas. Sus cualidades ya están presentes en nosotros, pero no tenemos acceso a ellas debido a los distintos oscurecimientos. Basta con tomar conciencia de ellas y revelarlas en toda su expresión. La conducta del bodhisattva sirve como punto de referencia para que no sigamos una interpretación personal de la mente del despertar. Además, esta referencia nos recuerda que no debemos actuar bajo el impulso de los movimientos emocionales que nos suceden. De este modo, cuidamos de nosotros mismos. La mente adquiere una forma diferente de pensar que reduce nuestros pensamientos egocéntricos.

Como hemos subrayado, la bondad y la compasión conducen por sí solas a resultados beneficiosos en nuestra vida cotidiana. Sin embargo, sin el discernimiento adecuado, también pueden llevar a cometer errores y, por tanto, generar sufrimiento a pesar de que la intención inicial sea beneficiosa. Por ello, deben ir acompañadas de la práctica de la meditación. La mente del despertar y la meditación conforman la combinación ideal para progresar hacia el despertar. La meditación por sí sola no es suficiente. De hecho, sin bondad y compasión, la claridad adquirida a través de la meditación no conduce necesariamente a acciones beneficiosas. Una persona de gran inteligencia puede ocasionar muchos perjuicios a los demás. La meditación crea un espacio en la mente del que normalmente carecemos. Nos lleva a desarrollar nuestra capacidad de ver las cosas con mayor exactitud y precisión. Esta inteligencia también nos permite comprender mejor las enseñanzas que hemos recibido, para poder aplicarlas de forma más adecuada.

El progreso hacia el despertar requiere la dosis adecuada de diferentes ingredientes, al igual que la jardinería. La fertilidad de la tierra, el agua, el calor y la calidad de las semillas contribuyen al adecuado desarrollo de una planta. Practicar la mente del despertar y la meditación por separado ofrecen resultados parciales perfectamente válidos, pero no nos permiten alcanzar el completo despertar. Por eso es importante ser conscientes de la necesidad de adquirir una mayor claridad mental sin descuidar el valor de la bondad y la compasión. Lo mismo se aplica a la cocina: preparar un plato con un solo ingrediente no da como resultado un plato muy sabroso. El sabor procede del equilibrio adecuado de varios ingredientes. Al principio, el aprendiz de cocinero no sabe preparar muy bien la receta a pesar de contar con todos los ingredientes necesarios: el resultado no es tan apetitoso como el mismo plato preparado por un chef. Sin embargo, a base de ensayo y error, mejora, conoce mejor sus productos, domina mejor las cantidades y su preparación y, un día, el plato es perfecto. El proceso para la práctica del budismo es idéntico. Primero hay que conocer los elementos que hay que combinar y luego hay que aplicarse, según la capacidad y la habilidad de cada uno. Combinar todos los elementos a la vez puede ser difícil a veces, pero es cuestión de perseverancia y paciencia, porque no hay atajos en el camino hacia la bondad y la compasión.

Capítulo 4: La práctica de la meditación

Prerrequisitos

La meditación es un entrenamiento de la mente cuyo objetivo es permanecer concentrada sin distraerse con los pensamientos. Como se ha explicado antes, en la mente surgen sin cesar movimientos emocionales y conceptuales. En cuanto nos sentamos, nos invaden pensamientos del pasado y del futuro. La mente divaga en este flujo incesante. La meditación no consiste en detener los pensamientos (lo cual no sería factible), sino en no dejarse perturbar por su aparición para permanecer en el estado natural de la mente. Este entrenamiento nos permite adquirir un nuevo hábito: permanecer, sin distracciones, en la propia mente.

Para que la práctica de la meditación, tal como se propone en el contexto budista, dé sus frutos, deben cumplirse varias condiciones para obtener un resultado más profundo que la simple relajación del cuerpo y de la mente. La primera es conocer cómo funciona la mente, tal como se ha descrito en capítulos anteriores. Para que la práctica de la meditación sea eficaz, es importante familiarizarse con este proceso y su funcionamiento más sutil, sin limitarse a una comprensión superficial.

Gracias a una comprensión clara de nuestro funcionamiento, el mecanismo de nuestra infelicidad también se aclara en relación con la noción de karma. Nos damos cuenta de que esta infelicidad no nos afecta sólo a nosotros, sino que le sucede a todo el mundo. Entonces entran en el escenario la bondad y la compasión. Estos diferentes puntos no deben considerarse como temas separados; al contrario, es combinándolos cuando puede surgir una comprensión más global. Estos elementos parecen evidentes y es fácil comprenderlos superficialmente. Sin embargo, profundizar en su análisis plantea interrogantes y cuestiona nuestras opiniones fijas sobre las cosas. Entonces comenzamos a dudar de nuestra comprensión inicial.

Mantener la flexibilidad mental es esencial para no quedarnos estancados en nuestras propias posturas. Al estar dotados de inteligencia, es obvio que todos podemos adquirir un nivel básico de comprensión. Pero es importante no quedarse bloqueado en este nivel, sino evolucionar hacia una comprensión más sutil gracias a una observación precisa. Entonces surgen preguntas y, en cierto modo, las cosas se complican. Cuando ponemos en juego nuestras opiniones, aparecen las dudas. Hay que tener en cuenta que se trata del proceso natural de evolución hacia una comprensión más profunda. Por lo tanto, hay que esforzarse en disipar nuestras dudas remitiéndolas a las enseñanzas más completas sobre el karma, el funcionamiento de la mente ordinaria, la naturaleza transitoria de los fenómenos, etc. Combinando este análisis con la práctica meditativa, conseguimos aclarar las incertidumbres y comprender las cosas desde una nueva perspectiva. Esta nueva comprensión se basa en una experiencia distinta de la habitual. En efecto, gracias a la meditación, la mente adquiere claridad; en otras palabras, es capaz de permanecer en un estado de conciencia libre de distracciones. Si nos familiarizamos con esta lucidez, nuestra percepción se vuelve auténtica, ya que está libre de distracciones emocionales y de juicios.

Si la meditación se basa en una comprensión, siquiera aproximada, de cómo funcionamos, actúa como el líquido revelador en el revelado fotográfico. Gracias a la claridad que nos permite desarrollar, somos capaces de aprehender nuestro funcionamiento interior de una manera más precisa y pertinente. Meditar significa familiarizarse con nuestra claridad mental innata. Las condiciones adversas nos distraen de este estado natural y caemos en la ilusión y la ignorancia sin darnos cuenta.

La ilusión y la ignorancia no son más que nuestra propia percepción teñida por el apego y otros movimientos emocionales. Su fuerza arrastra a la mente y hace que se desvíe de su propia naturaleza. Permanecer en esta dimensión de claridad conduce a dejar de estar sujeto a esta influencia, siendo conscientes de la presencia del apego. No nos hemos liberado de los oscurecimientos, pero somos capaces de ver el movimiento emocional y el proceso que desencadena. El apego en sí mismo no es perjudicial; lo que cuenta es el tipo de pensamiento al que conduce y las acciones que llevamos a cabo que activan los mecanismos interdependientes conectados a esta primera influencia. Una verdadera comprensión de esto erradica toda confusión y significa que podemos permanecer en la claridad. Nos liberamos de las garras de este movimiento emocional, al tiempo que nos damos cuenta de que tal o cual estado no es más que nuestra propia mente.

Nuestro estado natural

Lo primero que hay que tener en cuenta cuando meditamos es saber quién medita. Soy yo quien medito, pero ¿qué aspecto tiene ese *yo*, ese *sí mismo*? ¿Es únicamente nuestro cuerpo el que adopta una postura determinada? La posición del cuerpo es sólo un factor y no constituye la esencia de la meditación. Es la mente la que medita. Mientras que el cuerpo es la unión de elementos físicos tangibles, la mente no tiene forma perceptible; la mente es, por naturaleza, la unión de la claridad y la vacuidad.

Es fácil observar que los movimientos emocionales y conceptuales que surgen en nuestro interior se transforman en función de las condiciones y circunstancias presentes. Estos movimientos están condicionados por un conjunto de factores en constante cambio. Por lo tanto, no pueden pretender ser el estado natural, verdadero y estable de la mente. Aunque la mente no tiene forma ni materia perceptibles, tampoco es la nada: hay algo presente. Por así decirlo, experimentamos todo esto con la sensación de que somos *nosotros mismos* dentro de una envoltura compuesta y efímera que llamamos *cuerpo*. Tenemos la capacidad de percibir, de sentir, de conocer, sin poder representar necesariamente quién lo percibe, siente o conoce.

La mente, en su estado natural, es claridad y vacuidad al mismo tiempo. *Claridad* significa 'sin confusión y con precisión'. La palabra *vacuidad* no designa un vacío, sino que se refiere a la presencia sin representación: una cualidad innata de la compasión, también conocida como *la naturaleza de Buda*. Si logramos disipar la confusión que envuelve a la mente, podremos permanecer en su naturaleza esencial. La claridad nos permite tomar conciencia de las causas de nuestra confusión: comprendemos con precisión que la mente toma caminos erróneos en vez de permanecer en su naturaleza. En lugar de permanecer en esta claridad y vacuidad, se aferra a ciertos movimientos desencadenados por factores internos o externos. Estos movimientos de apego, rechazo, juicio e ignorancia provocan perturbaciones y nos apartan de nosotros mismos. De hecho, la mente crea su propia confusión. Comprender esto nos permite disipar una gran cantidad de dificultades y nos abre un nuevo espacio. Ya no estaremos tan sujetos a nuestras emociones y conseguiremos mantener una distancia con nuestras ideas y sentimientos. A medida que nos familiarizamos con esta cualidad de claridad, nos damos cuenta de que la mente está más *fresca*, menos atestada de sucesos inútiles, y, con el tiempo, seremos capaces de volver a su estado original. En eso consiste la meditación y, al contrario de lo que podríamos pensar, no se trata de ralentizar, sino de clarificar.

Según Buda, la mente de todos los seres sensibles es igualmente claridad y vacuidad. En otras palabras, tenemos la posibilidad de actuar sobre nuestra condición actual y evolucionar hacia el despertar. Todos estamos dotados de cualidades idénticas a las de un buda. Simplemente que, por el momento, están oscurecidas. ¿Por qué no podemos permanecer sin más en este estado original? Porque la mente se engaña a sí misma. Debido a una circunstancia interna o externa, nos apropiamos de un sentimiento, nos apresuramos a seguirlo, perdiendo toda lucidez o claridad. Este oscurecimiento tiene un efecto de bola de nieve y se combina con otros similares para acabar produciendo una enorme confusión e ilusiones profundamente arraigadas. La mente se convence de la realidad y la veracidad de sus propias percepciones sesgadas, que influyen en nuestras decisiones y acciones.

Comprender este proceso es vital porque nadie, más que nosotros, sabe lo que ocurre en nuestra mente ni puede hacer nada al respecto. Tener un conocimiento intelectual de esto es un buen punto de partida, pero no debemos quedarnos ahí; de lo contrario, no podremos darle un uso concreto. La meditación es la que nos permite integrar profundamente esta comprensión, y eso es un factor de evolución. Con la práctica, todo el mundo puede volver a las cualidades originales de su mente. Al permanecer en estas cualidades de claridad y vacuidad, de discernimiento y compasión, no nos involucramos en las diferentes percepciones de la misma manera, y ya no nos dejamos influir por ellas.

Comprender que nuestra propia esencia es la naturaleza de Buda y permanecer en esta dimensión no es fácil al principio. Nuestras ideas y opiniones a menudo se interponen en nuestra comprensión. Al igual que la investigación científica, se trata de un proceso de descubrimiento metódico, en el que nada se deja al azar, sino que se verifica y se pone a prueba. Del mismo modo, es necesario observar y analizar lo que ocurre en nuestra mente. Al principio, todo es bastante confuso, lo cual es normal; la claridad y el discernimiento se adquieren gradualmente y sin presión. A medida que avanzamos, adquirimos la certeza de que la mente se engaña a sí misma y se deja desviar de su sabiduría para elegir la confusión.

Llevar a cabo esta introspección nos acerca a un estado libre de toda confusión. Los seres que han llegado al final de su entrenamiento tienen un estado mental mucho más equilibrado y pacífico. Gracias a ello, estos grandes bodhisattvas —que pueden ser personas de otros caminos espirituales, como los santos— han desarrollado cualidades superiores a la media humana. Aunque es extraordinario, este resultado está a nuestro alcance, ya que cualquiera puede emprender este camino. El maestro Gampopa era un médico corriente, casado y con hijos. Cuando comenzó a practicar la meditación, tras la muerte de su esposa, tenía más de cuarenta años. Se convirtió en un ser extraordinario y en un maestro excepcional, cuyas instrucciones seguimos todavía hoy en día. No hay condiciones que limiten la práctica de la meditación; está al alcance de todos. Aunque desconocerlas pueda ser fuente de dificultades al principio, la práctica regular las superará fácilmente. El resultado depende de la forma correcta de hacer las cosas. Si se sigue el camino adecuadamente, es seguro que obtendremos el resultado deseado. Basta con seguir los métodos aquí propuestos, uno de los cuales es la meditación.

La meditación prepara y entrena nuestra mente para esta aplicación. Podemos quedarnos en un nivel teórico y continuar intuitivamente de acuerdo con nuestras propias ideas; sin embargo, conseguir un resultado realmente eficaz seguirá siendo incierto, arriesgado y requerirá mucho tiempo. Sería como buscar la cura de una enfermedad sin conocimientos médicos previos. El método de la meditación apoya todo el recorrido del camino. Al habituar la mente a esta capacidad de reflexión, el meditador es capaz de identificar los procesos emocionales y conceptuales con una precisión cada vez mayor. Entonces queda claro que, aunque estos movimientos se originan en la mente, no constituyen su verdadera esencia. De hecho, estos movimientos aparecen y se disipan, cambian constantemente. Sometidos a múltiples causas y condiciones, no constituyen un fundamento estable, y de lo que se trata es de volver a la naturaleza esencial de la mente, a la estabilidad. Esto se refiere a su dimensión de claridad y compasión. Se trata de permanecer en este estado, por un momento al principio y, luego, prolongarlo todo lo posible.

Cómo meditar

Puedes empezar simplemente sentándote en un lugar tranquilo. Al principio, un entorno tranquilo es más propicio para asentar la mente. A continuación, sigue un método de meditación. Existen dos opciones para la práctica de la meditación: la meditación de la calma mental y las prácticas de meditación relacionadas con los grandes bodhisattvas. Estas dos posibilidades, que conducen al mismo resultado, constituyen dos estilos diferentes de práctica. Para algunas personas es más natural centrarse en una meditación más sencilla, sin visualizaciones ni recitaciones complejas, mientras que otras se muestran más inclinadas a utilizar diversos soportes (visualizaciones, recitación de oraciones o mantras y otros aspectos rituales). La elección de una u otra opción es personal. Es importante subrayar que no es cuestión de adaptarlo a Occidente, sino que tradicionalmente existen distintas alternativas en el linaje Karma Kagyu del budismo tibetano.

Sea cual sea el método elegido, la meditación comienza con una postura adecuada. Shamar Rinpoche (1952-2014), en su libro *Despertar sin límites*, explicó la postura de la siguiente manera:

Cuando meditamos, es conveniente que nos sentemos con la espalda recta. Si estamos sentados en una silla, los pies deben tocar el suelo y colocarse en paralelo. Si estamos sentados en el suelo o sobre una colchoneta, las piernas pueden estar totalmente cruzadas, en la posición del loto completo, o parcialmente cruzadas, con la pierna derecha hacia el exterior y la izquierda hacia el interior. Por lo general, a las personas con las piernas largas les convendrá un cojín más alto, dependiendo también de las proporciones del cuerpo. Lo importante es que la columna vertebral esté totalmente derecha.

El estómago se mete ligeramente hacia dentro, mientras que el abdomen se empuja un poco hacia fuera para lograr un buen equilibrio; de esta forma, la parte central del cuerpo se va a mantener bien derecha. Para que la parte central del torso todavía esté aún más erguida, los hombros deben estar alineados y derechos. Las manos pueden colocarse en la postura de meditación, es decir, con las palmas hacia arriba y descansando sobre los talones (si estamos sentados en posición de loto completo) o en el regazo, a unos dedos por debajo del ombligo, con la mano derecha sobre la izquierda. Esta postura, además, favorece que la columna vertebral esté vertical y erguida. Alternativamente, podemos colocar las manos, con las palmas hacia abajo, cómodamente descansando sobre los muslos en dirección a las rodillas, procurando mantener los hombros derechos.

El cuello debe estar levemente curvado, de modo que la barbilla esté un poco metida hacia el tórax. Los ojos están entreabiertos, mirando de frente y ligeramente hacia abajo. La boca no debe estar ni abierta ni tampoco debemos presionar cerrándola completamente. Los labios están relajados, de forma natural y se respira principalmente por la nariz.

Esta postura favorece un estado meditativo, pero, si no es posible adoptarla, eso no significa que no se pueda meditar, pues el elemento principal sigue siendo la mente. La postura no es una regla; es un medio para facilitar la relajación del cuerpo y la mente sin caer en el letargo.

En primer lugar, veamos la meditación de la calma mental. Se trata de un estado mental tranquilo, es decir, libre de distracciones. Las distracciones no tienen por qué ser fuertes o violentas; pueden ser sutiles y benignas. Independientemente de su intensidad, lo que todas tienen en común es que generan una perturbación, es decir, una interrupción, en la mente. Estas distracciones son simplemente nuestros propios pensamientos.

La meditación de la calma mental consiste, pues, en no dejarse llevar por los pensamientos que surgen, sino en ser consciente de su aparición y dejar que se desvanezcan sin seguirlos. Con la ayuda de un soporte, el meditador se entrena para desarrollar una cualidad de atención y lucidez. Intenta estar atento para que la mente permanezca concentrada en el soporte y lo suficientemente consciente para reconocer la aparición de un pensamiento y volver al objeto de atención lo antes posible. Existen diferentes tipos de soportes; el más común es la respiración. Simplemente colocamos nuestra mente en el ritmo natural de la respiración. Podemos contar los ciclos de respiraciones (tres, siete o veintiuna exhalaciones e inhalaciones), intentando no distraernos de esta cuenta cuando surja un concepto o una idea. Si perdemos la cuenta, simplemente empezamos desde el principio.

También podemos utilizar un soporte externo, como un objeto (por ejemplo, un grano de arroz o una piedra) sobre el que posamos la mirada, sin tensión. El procedimiento es similar: cuando surge un pensamiento, lo reconocemos lo antes posible y volvemos a nuestro objeto de atención. También podemos utilizar un soporte *interior* y centrarnos en la presencia de Buda. Esta última opción requiere explicaciones precisas y recomiendo ponerse en contacto con un profesor cualificado.

Hay que tener paciencia y no desanimarse, ya que la meditación va en contra de nuestros hábitos y la mente siempre busca satisfacción o distracción. Para que este método dé su resultado, se requiere dedicación y una práctica regular. Al principio, no solemos conseguir contar más de dos ciclos de respiraciones. A menudo nos estresamos por alcanzar el resultado. Por eso es importante precisar que lo esencial reside en el proceso en sí. El término *meditar* en tibetano significa 'familiarizarse, habituarse'. Por lo tanto, no se trata de presionarse o forzarse, sino de empezar con sesiones cortas de cinco minutos, por ejemplo, intercaladas con descansos. A medida que avanza el entrenamiento, aumentamos la duración de la meditación o el número de respiraciones que hay que contar.

De este modo, la mente se libera gradualmente del desorden de sus pensamientos. Mediante este ejercicio, pretendemos permanecer en la claridad y no en la confusión, lo que significa no permitir que la mente se vea interrumpida y perturbada por los movimientos que la recorren. No podemos evitar que surjan los pensamientos, pues surgen constantemente y de forma natural. De hecho, los pensamientos no son el problema en sí mismos. Lo importante es su continuidad incesante y lo que hacemos con ellos, porque a menudo nos dejamos llevar y perdemos nuestra cualidad de presencia. Esta sucesión instantánea de ideas, conceptos y sentimientos ocupa toda la mente. El método de la meditación nos permite volver a encontrar espacio y claridad.

La segunda opción de práctica meditativa utiliza el soporte de grandes bodhisattvas mediante visualizaciones, recitaciones de mantras u oraciones. Estos bodhisattvas personifican cualidades del despertar: la compasión para Avalokiteshvara, la sabiduría para Manjushri, la liberación para Tara, etc. Una vez más, hacemos esta elección en función de la afinidad personal.

Los métodos conocidos como visualizaciones y recitaciones, así como el proceso de práctica específico de cada bodhisattva, nos permiten activar un vínculo con estos grandes seres. El término *visualizar* suele entenderse como 'imaginar una forma', pero no se trata de un ejercicio de proyección mental o artística, en cuyo caso podría imaginarse cualquier objeto. Aquí hablamos de la presencia de los bodhisattvas, lo que significa una apariencia precisa que, aunque no tiene sustancia, es la manifestación de cualidades. El funcionamiento de este tipo de práctica puede compararse a la energía motriz: la energía está presente a nuestro alrededor, pero para aprovecharla y utilizarla debemos poner en marcha ciertos mecanismos.

El objetivo es crear una conexión —también conocida como *bendición*— que enriquezca nuestra práctica y nos permita adquirir una mejor comprensión de lo que es la mente. El resultado es una cierta estabilidad. Con el tiempo, esta práctica meditativa conduce al desarrollo de las mismas cualidades que el bodhisattva con el que nos conectamos. Al principio, el vínculo que creamos es algo artificial, pero, a medida que progresamos, se manifiesta de verdad porque lo que estamos cultivando son los mismos deseos de estos grandes bodhisattvas. La bendición puede compararse al sol, cuyo calor y luz permiten el crecimiento de las plantas. Al conectar con un bodhisattva a través de una práctica meditativa específica, su bendición nos impregna y contribuye a madurar cierta claridad y cualidades (de compasión, sabiduría, etc.) que se vuelven naturales. Para que se produzca esta evolución es necesario aplicarse; de lo contrario, no se desarrollará nada, como una semilla sembrada en el hormigón. En efecto, la semilla de la bendición estará presente en nosotros, pero no estará activa y nada evolucionará en la mente. No se trata de un proceso mágico, sino de un proceso de maduración que requiere que confluyan una serie de factores.

Al concentrarse en la presencia de un gran bodhisattva, la mente activa un vínculo que repercute en sus hábitos y conceptos ordinarios. Como resultado, el practicante tiene una comprensión más precisa de cómo funciona y desarrolla sus capacidades. De este modo, la mente está menos sujeta a la influencia de las distracciones emocionales y conceptuales, adquiere discernimiento y adopta de forma natural la dirección del bodhisattva, es decir, la del despertar.

Sea cual sea la meditación que elijamos, la regularidad es la condición más importante para el éxito de la práctica de la meditación. Como ocurre con cualquier deporte o instrumento musical, los resultados dependen de la calidad y la regularidad de la práctica. Si la práctica es regular, genera un hábito. Una vez adquirido el reflejo, es más fácil continuar en la misma dirección. En efecto, no hay que detenerse ante el primer resultado obtenido, sino continuar el camino hasta alcanzar nuestro verdadero potencial original. Es necesario esforzarse, aunque sin forzar las cosas, pues es a través de la práctica que la mente gana cada vez más claridad.

Los resultados

El resultado de la práctica de la meditación corresponde a nuestra intención original, al objetivo que nos hemos fijado. Volvamos al Buda Shakyamuni. ¿Por qué meditaba? Buda nació como príncipe del clan Shakya. Destacó en todos los ámbitos del conocimiento mundano (filosofía, música, artes, deportes, etc.). A pesar de su posición real, que satisfacía todas sus necesidades materiales e intelectuales, sentía que le faltaba algo. Un día, se dio cuenta de la infelicidad de los seres sensibles al descubrir la enfermedad, la vejez y la muerte. A pesar de sus riquezas y conocimientos, no podía hacer nada al respecto. Esta constatación se convirtió en el motor de su búsqueda: encontrar un remedio definitivo a esta situación. Tras varios intentos espirituales infructuosos, el joven Shakyamuni meditó. La meditación le permitió comprender las causas de la infelicidad, que cultivó hasta alcanzar el despertar pleno y perfecto.

En el budismo, la práctica de la meditación tiene un objetivo concreto: obtener claridad y conciencia para comprender mejor quiénes somos y el mundo que nos rodea, con el fin de desarrollar cualidades como el discernimiento, la bondad y la compasión. No sólo nos liberamos a nosotros mismos, sino que también nos volvemos más capaces de ayudar a los demás.

La práctica puede producir dos tipos de resultados, en función de nuestra motivación: la liberación absoluta de toda infelicidad o una disminución parcial del sufrimiento que nos facilite la existencia cotidiana.

Consideremos el primer tipo de resultado: la liberación definitiva de toda infelicidad. En este caso, la práctica meditativa debe ir acompañada del estudio de las enseñanzas. La meditación nos permite integrar más profundamente nuestra comprensión intelectual inicial. Las enseñanzas que recibimos tienen un impacto real y natural en nuestra vida diaria (nuestras acciones, nuestras elecciones, nuestras palabras, etc.). La combinación del estudio de las enseñanzas con la meditación nos ayudará a desarrollar nuestras capacidades. Una mente clara comprende más, por lo que también actuamos y nos comunicamos mejor. Además, la claridad también implica menos perturbaciones y distracciones y, por tanto, más espacio para nosotros mismos y, sobre todo, para los demás.

La práctica meditativa consiste en pasar por un proceso. Es importante contar con la orientación de un profesor cualificado y conversar con él para que pueda responder a las preguntas que seguramente surgirán. Si practicamos la meditación rigurosamente, llegaremos a una experiencia personal e individual del funcionamiento y la naturaleza de nuestra mente. Entonces reconoceremos directamente los movimientos emocionales y conceptuales. Cuando logramos esto, las explicaciones que nos damos ya no son una bonita historia que alguien nos cuenta, ni una opinión que sostenemos, sino que realizamos su significado. Identificamos claramente las causas de estos movimientos y, así, podemos modificarlas para liberarnos de la confusión. Lo importante es crear un hábito de práctica. De este modo, a lo largo de nuestro entrenamiento, conseguiremos permanecer cada vez más tiempo en esta dimensión de claridad. Aunque esto todavía no es el despertar, la mente consigue acercarse a su naturaleza básica, sin fabricaciones ni artificios. Al final de este proceso, es posible llegar al despertar, como los practicantes de la época de Buda. Este es, pues, el resultado absoluto.

Las emociones dejarán de oscurecer la mente de un bodhisattva, lo que no significa que hayan sido erradicadas. Las emociones son parte integrante de nuestro funcionamiento humano; sin sensaciones, sentimientos o emociones, seríamos cosas, objetos. Por lo tanto, estos movimientos siguen presentes en la mente, pero ya no conducen a juicios perjudiciales. La ira ya no es fuente de infelicidad y el deseo ya no produce una alegría efímera. Sin embargo, esto no significa que nos hundamos en una dimensión anodina e insípida; al contrario, disfrutamos de un estado placentero, sin complicaciones ni perturbaciones. La conciencia adquirida nos libera de manipulaciones emocionales y conceptuales. Reconocemos de inmediato estos movimientos y se disipan de forma natural. Ya no identificamos a los demás (familia, amigos, enemigos, compañeros, etc.) como la causa de nuestros problemas, sino que se convierten en objeto de nuestra compasión. La compasión que surge de este estado original es, por tanto, natural e ilimitada.

Otra forma más relativa de resultado también puede obtenerse mediante la práctica meditativa. Al adquirir una comprensión más precisa y genuina del funcionamiento de nuestra mente, podemos suavizar nuestra visión de los demás: vemos que sus reacciones, como las nuestras, están condicionadas por su estado mental. Por lo tanto, nos volvemos más pacientes y menos críticos con ellos. La claridad y la estabilidad desarrolladas en la meditación influyen en nuestra forma de ser y nos permiten actuar, ya no según los dictados de nuestro ego, sino de un modo más apropiado para la situación (tanto en términos de comunicación como de acción), lo que crea una mayor armonía general.

La vida familiar es un delicioso cóctel de amor, ira y confrontación. La práctica de la meditación contribuye a mejorar nuestras relaciones y a apaciguar los conflictos. Lo mismo ocurre en el ámbito profesional y, en general, en nuestras relaciones con todos los demás seres humanos. Cuando surgen dificultades o situaciones desagradables, tenemos menos miedo, nuestra mente está menos agitada y, por tanto, la calidad de nuestra presencia es diferente. Como resultado, nos comunicamos mejor y somos una mejor fuente de apoyo para los demás.

Por otra parte, el grado de claridad que alcanzamos va acompañado de una mayor confianza en nosotros mismos. Nos damos cuenta de que podemos manejar mejor las circunstancias difíciles o las situaciones emocionales que se nos presentan. Esto se debe a que podemos abordar los problemas con mayor precisión y un análisis más fino. El discernimiento que proviene de la meditación nos permite dar respuestas más fácilmente a preguntas y dificultades. Como podemos ver aquí, la meditación no erradicará las situaciones desagradables a las que nos enfrentamos. Sin embargo, nos permite desarrollar las cualidades necesarias para afrontarlas más fácilmente, sobre todo gracias a una confianza en nosotros mismos estable, bien establecida y no egoísta. Nuestras decisiones se vuelven más meditadas y menos impulsivas, lo que también reduce la tensión. Estos resultados representan un progreso perceptible en la práctica y se convierten en un verdadero estímulo para continuar en el camino.

Aparece así una apertura a partir de la cual experimentamos menos agresividad y mayor tolerancia. Inconscientemente, seguimos queriendo permanecer en nuestra zona de confort. Si percibimos una falta de respeto, inmediatamente nos disgustamos. La meditación actúa sobre este sentimiento, dejando espacio para otra forma de contemplar la situación. No se trata de sacrificarse, sino de cambiar nuestro punto de vista para adoptar el de la otra persona e intentar comprender lo que ocurre. Veremos las situaciones en las que nos encontramos con más perspectiva y esto disipa la irritación. Así es como las relaciones con nuestra familia, amigos, compañeros y cualquier persona se simplifican y, con el tiempo, se vuelven más fluidas. Al estar menos centrados en nuestra percepción personal, nos volvemos más disponibles para los demás.

Estos resultados, llamados *relativos*, no son insignificantes. Cualquier persona que no quiera necesariamente alcanzar el despertar, pero que desee mejorar sus condiciones de vida mediante una práctica seria, puede obtener grandes beneficios de la meditación. Es importante practicar de acuerdo con nuestras capacidades y habilidades del momento, sin caer en un extremo u otro. Además, el resultado que deseamos alcanzar también puede evolucionar a lo largo del camino y pasar de lo relativo a lo absoluto.

Llegados a este punto, creo que es importante dejar claro que las experiencias derivadas de la práctica meditativa tienen poco en común con visiones fantásticas, espectáculos de luces divinas u otros milagros. El verdadero resultado es el cambio casi imperceptible de nuestros hábitos. Implantamos de forma natural las causas de la felicidad duradera y abandonamos, sin forzar nada, las causas que conducen a la infelicidad. Sólo la repetición regular del ejercicio conduce a este resultado genuino.

Complementos a la meditación

Quienes deseen meditar con el fin de liberarse de la infelicidad y progresar hacia el despertar con la motivación de un bodhisattva necesitan una buena preparación previa. Esto implica estudiar las enseñanzas y ponerlas en práctica, como se ha explicado en los capítulos anteriores. Es lo que va a llevar la meditación a otro nivel.

La regularidad de la práctica es también un ingrediente esencial.

Hay un texto que resulta especialmente útil: *Colocar la atención lo más cerca posible de cuatro [objetos]*, a menudo llamado *Los cuatro emplazamientos de la atención*. Directamente extraída de los sutras, esta enseñanza nos invita a investigar la naturaleza del cuerpo físico, las sensaciones, la mente y los fenómenos. Describe la realidad tal y como es. La comprensión de este tema cambia nuestra actitud ante la vida: nos entregamos de forma natural al desapego. Entonces aceptamos todas las situaciones que se nos presentan tal y como son. El hecho de que un día vivamos rodeados de un magnífico paisaje verde y, de repente, nos encontremos viviendo en un lugar árido de rocas y piedras ya no tiene ninguna importancia, porque no estamos tan fuertemente apegados al aspecto físico. La mente permanece cerca de su propia naturaleza.

El desapego no debe entenderse como rechazo o indiferencia, sino como un conocimiento de la realidad, que nos orienta hacia lo esencial. Por tanto, este tipo de enseñanza nutre nuestra práctica mientras que la propia meditación refina nuestra comprensión inicial; ambas se benefician mutuamente. Combinar el estudio de las enseñanzas con la práctica de la meditación contribuye a madurar los distintos tipos de discernimiento que surgen de la escucha, la reflexión y la meditación. De este modo, nos acercamos a nuestro pleno potencial para revelarlo, como hicieron los grandes bodhisattvas.

¿Y la compasión?

Ganar claridad mental, es decir, inteligencia, no es garantía de beneficios. De hecho, las personas que causan más daño en el mundo suelen ser muy inteligentes. Los resultados de la meditación, en particular la tranquilidad mental, pueden utilizarse con fines perjudiciales. Por lo tanto, hay un elemento que es crucial para garantizar que vamos en la dirección correcta: la compasión. Es el timón que dirige la claridad mental en una dirección beneficiosa.

Si mantenemos nuestra mente fuera del juego del ego de las emociones, nos preocuparemos más por los demás y menos por nosotros mismos y actuaremos de forma más beneficiosa (lo que también influirá positivamente en nuestras condiciones kármicas). La bondad y la compasión nos acercan a los demás y nos alejan de la inflexibilidad mental. Actúan como las raíces de un árbol: un árbol puede crecer mucho, pero si sus raíces no están bien asentadas, es fácil que se caiga. Lo mismo ocurre con el resultado de la práctica de la meditación. Al principio, la compasión es parcial y está teñida por sentimientos personales, pero progresivamente se vuelve auténtica e igual hacia todos.

El objetivo último de la práctica budista es alcanzar el despertar. Esta es la dirección que orienta nuestra práctica. Lograr este paso final sigue siendo difícil, pero es posible. No bastarán unos meses o años de práctica; debemos contar con más tiempo. A la vez, otro resultado alternativo que está más a nuestro alcance consiste en acercarnos al nivel de realización de grandes santos o bodhisattvas.

Un verdadero bodhisattva ha dejado de ser prisionero de las diferentes condiciones de vida que todos encontramos. La única dificultad que es fuente de obstáculos reside en nuestros hábitos, profundamente arraigados, que nos llevan en una dirección opuesta a lo que buscamos en el camino. La práctica meditativa lo remedia, pero queda incompleta si no encarnamos la forma de ser y actuar de los bodhisattvas.

Capítulo 5: Realizar el bien

El pensamiento altruista en acción

La forma de pensar y actuar de un bodhisattva se basa únicamente en la bondad y la compasión. Su única motivación es ser útil a los demás. Todos los seres ordinarios experimentan infelicidad, y los bodhisattvas, habiéndose liberado de ella, desean ayudar a los demás a liberarse también. Siguiendo el ejemplo de su forma de ver las situaciones y actuar, desarrollamos nuestras propias capacidades para convertirnos a su vez en bodhisattvas. No es posible existir sin hacer nada; actuamos en cada instante. El objetivo es, pues, orientar la mente y dirigir nuestras acciones hacia lo que es beneficioso.

En la vida cotidiana, la manera de pensar y actuar de un bodhisattva es contraria a la de los seres humanos corrientes. Esto parece extraño a primera vista, pero volvamos a nuestro funcionamiento básico para comprenderlo mejor. Como hemos descrito con más detalle en los capítulos anteriores, cuando surge un pensamiento en la mente, viene acompañado de un sentimiento impulsivo que influye en nuestras acciones. Así es como nuestra forma habitual de funcionar conduce continuamente a una mayor infelicidad. Sin embargo, como esta es nuestra forma natural de funcionar, no se nos ocurre cuestionarla ni cambiar nuestra perspectiva.

Un bodhisattva también es un ser humano, pero ve las cosas desde otro punto de vista: el de los demás. Por eso su modo de vida es mucho más perfecto que el nuestro. Poner en práctica la mente del despertar no significa seguir una serie de reglas. Por el contrario, se refiere a desarrollar la comprensión necesaria para ser capaces de encarnar las cualidades de la mente del despertar. En base a los ejemplos de conducta de los bodhisattvas en situaciones concretas, tratamos de aplicar el mismo estado mental según nuestras propias capacidades, sin forzar nada. Quien desee alcanzar la perfección de los bodhisattvas simplemente debe empezar donde está. Una evolución paso a paso garantiza el progreso sin retrocesos ni abandonos. A medida que progresamos, no sólo cambia nuestra forma de ver, sino también nuestras expectativas y nuestra comprensión: nos volvemos más beneficiosos para los demás. De este modo, contribuimos a consolidar un estado mental pacífico y a desarrollar una mayor armonía en nuestras relaciones.

Al ponerlo en práctica en nuestra vida cotidiana, vemos rápidamente los primeros resultados que nos animan a continuar. Somos testigos del bien que hace a los demás y a nosotros mismos. Seguir al pie de la letra la conducta perfecta de los bodhisattvas no está a nuestro alcance inmediato, pero tampoco es simplemente un mito. Es seguro que algún día alcanzaremos esta perfección si practicamos de manera auténtica. El cambio sólo puede producirse cuando ponemos en práctica este entrenamiento de la mente.

El método está directamente relacionado con la vida cotidiana. Se trata de utilizar cualquier situación para desarrollar nuestra mente, lo que va en contra de nuestros hábitos. En efecto, cuando nos encontramos con una dificultad, un error o una mezquindad, nuestro primer reflejo es identificar al responsable para sacar a la luz la verdad de la situación. Un bodhisattva no reacciona así; se centra en otro objetivo.

En general, la fuente del sufrimiento de todos los seres es el deseo de felicidad egoísta. De hecho, si somos honestos, nos daremos cuenta de que la causa de nuestra infelicidad proviene de estar demasiado centrados en nosotros mismos. Cambiar este hábito no es fácil.

Un bodhisattva ha dejado de experimentar cualquier tipo de infelicidad porque no está obsesionado consigo mismo, sino centrado en los demás. Pongamos un ejemplo para ilustrar la diferencia entre un bodhisattva y un ser ordinario. Cuando un ser ordinario adquiere una nueva propiedad, su primer reflejo suele ser poner una valla alrededor de su terreno para protegerse de los ladrones, los animales o cualquier daño potencial que pueda producirse. Construimos barreras porque pensamos en nosotros mismos. Un bodhisattva —o un buda— no necesita levantar muros a su alrededor; está naturalmente cerca de los demás seres, sin miedo ni temor. Uno de los resultados de la bondad y la compasión es que ya no discriminamos a los demás. Como aún no hemos desarrollado suficientemente esta cualidad, los seres ordinarios experimentamos diversos tipos de sufrimiento.

La práctica principal de los bodhisattvas para desarrollar la bondad y la compasión es la de intercambiarse por los demás. Un bodhisattva da todo lo que es positivo y beneficioso a los demás y asume todo lo que es perjudicial y difícil para sí mismo. Esta es la verdadera condición y forma de vida de los auténticos bodhisattvas. En nuestro caso, utilizamos este principio para entrenarnos concretamente en la vida cotidiana, con el fin de cambiar nuestro estado mental.

Este intercambio no es un sacrificio que haya que hacer para recibir una recompensa. Considerarlo así no nos permite evolucionar y crea tensiones que a menudo nos llevan a abandonar el camino. El enfoque propuesto aquí sólo funciona plenamente a partir de la comprensión de la condición de los seres. Por eso es necesaria la preparación, como se ha explicado en los capítulos anteriores. No basta con repetirse una y otra vez que la ignorancia oscurece la mente de los seres e influye en su forma de actuar, sino que hay que tomar verdadera conciencia de ella. La fuerza de esta toma de conciencia nos permite poner en práctica el entrenamiento de los bodhisattvas. El ejercicio del intercambiarse por los demás, que se describe con más detalle a continuación, comienza con situaciones benignas y luego avanza hacia circunstancias más difíciles. Como no sigue nuestro impulso natural, al principio requiere un esfuerzo.

Entrenarse para actuar como bodhisattvas tiene el efecto de revelar nuestro propio potencial. Si lo hacemos, al final del camino podremos llegar a ser verdaderamente útiles a los demás y aliviar su sufrimiento.

Utilizar los obstáculos como camino

En el Tíbet del siglo XVII vivía un gran bodhisattva llamado Choying Dorje, el décimo Karmapa. El techo del mundo estaba en plena agitación política en aquella época. Como cabeza de la escuela karma kagyu de budismo tibetano, el Karmapa Choying Dorje no fue inmune a estos desórdenes históricos. En un momento dado, fue derrocado y expulsado injustamente del país. Su entorno y muchos de sus discípulos querían apoyarle y luchar para sacar a luz la verdad, pero él se lo impidió. No quería que estas personas cometieran actos negativos para conseguir que él recuperase su legítima posición. El décimo Karmapa se convirtió en un mendigo que iba descalzo como un vagabundo. Los que se encontraban con él y le reconocían deseaban ayudarle. Aunque aceptaba comida y ropa, rechazaba categóricamente cualquier violencia en nombre de su reputación. A menudo perdía sus posesiones a manos de bandidos; sin embargo, siempre conservaba la ecuanimidad. Nunca sintió lástima de sí mismo ni resentimiento hacia quienes le robaban. Al contrario, dedicaba sus pertenencias perdidas a sus asaltantes y se alegraba profundamente de haber podido servirles. Esta indulgencia no es un signo de debilidad moral, sino que es la práctica de los bodhisattvas. El décimo Karmapa también tenía costumbre de redistribuir las ofrendas que recibía sin preferencias ni discriminaciones. Su único deseo y su única conducta eran los de la mente del despertar, costara lo que costara.

Es muy improbable que actuáramos de la misma manera en una situación idéntica. Este comportamiento puede parecer extraño, chocante incluso. Es importante recordar que la razón de ser de un bodhisattva es hacer el bien a los demás y no perjudicarles en modo alguno. Poseer bienes o vivir en la indigencia total no influye en su estado de ánimo. En nuestro caso, seguimos apegados a nuestras posesiones y a nuestra persona. Por eso es difícil alegrarse por el ladrón que nos ha robado alguna de nuestras preciadas pertenencias. Si un carterista nos roba algo, la reacción inmediata es enfadarnos. Es difícil no ceder a esta ira; el entrenamiento, por tanto, consiste en mantener la presencia, sin ceder al impulso del momento. No se trata de forzarse, sino simplemente de partir de lo que nos viene a la mente. Aplicarlo con éxito en la vida cotidiana tiene dos ventajas. En primer lugar, reduce nuestra propia infelicidad, ya que la ira no es una emoción agradable. En segundo lugar, aliviamos directamente la consecuencia kármica de la acción dañina del ladrón. De hecho, si nos alegramos de que el objeto que nos ha robado le sea útil, la acción cometida ya no constituye un robo por su parte, sino un regalo por la nuestra. Lo importante es hacerlo de corazón.

El entrenamiento será el mismo si se nos acusa de un error que no hemos cometido. Un bodhisattva acepta su destino sin tratar de revelar la verdad. Hacerlo conduciría a la acusación de otra persona, y el compromiso de un bodhisattva es asumir las consecuencias de cualquier acto perjudicial para aliviar el sufrimiento de los demás. La actitud ordinaria es tratar de probar la verdad porque *¡no es justo!* Es precisamente este tipo de reacción la que perpetúa la infelicidad. En su lugar, debemos trabajar sobre nuestro estado mental y no sobre la situación externa. La auténtica compasión va de la mano de un mayor discernimiento. Desarrollamos una percepción clara de lo que ocurre, y esta comprensión nos saca de nuestra propia versión de las cosas. Dejaremos de analizar las situaciones basándonos en los hechos externos y nos plantearemos las preguntas adecuadas en función de nuestro objetivo: convertirnos en bodhisattvas. Entonces, la auténtica compasión se apodera realmente de nosotros y guía nuestra reacción. En efecto, tomamos conciencia de la condición de la otra persona y percibimos que sus acciones derivan de su estado mental, creando así las causas de su futura infelicidad. Esta comprensión disipa toda ira y abre camino a la compasión.

Del mismo modo, cuando somos objeto de rumores o difamaciones, la práctica de los bodhisattvas consiste en comprender la ignorancia de quienes están detrás de esas calumnias. No buscamos venganza, ni cedemos a la perturbación que tales situaciones pueden crear en nuestra mente. Somos conscientes de los movimientos desagradables que surgen en nuestra mente, sin sucumbir a ellos. En su lugar, optamos por adoptar un comportamiento poco habitual: elogiar amablemente las cualidades de nuestros agresores.

Si alguien descubre nuestros defectos o nos insulta en público, no rechazamos la situación y consideramos a esa persona hostil como un amigo que nos desea lo mejor. Aprovechamos la experiencia para mejorarnos y progresar en el camino. Lo mismo ocurre con una persona que nos desprecia o denigra nuestro trabajo por orgullo.

Cuando una persona a la que hemos cuidado en el pasado —incluso criado como nuestro propio hijo— se vuelve contra nosotros, nos acusa o nos traiciona, no cultivamos la ira ni el deseo de venganza. En lugar de eso, fortalecemos nuestra bondad, como una madre hacia un hijo enfermo.

Todos estos puntos afectan directamente a nuestras relaciones afectivas con los demás y ofrecen oportunidades para vivirlas según la actitud de la mente del despertar. Cuando nos enfrentamos a la pobreza o a la enfermedad, podemos sumirnos en el sufrimiento. La actitud del bodhisattva consiste en no desanimarse ni verse afectado por este malestar. En su lugar, un bodhisattva persigue su compromiso: transformar estas dificultades en el camino al despertar, asumiendo el karma negativo de los seres y dándoles al mismo tiempo todo lo que es beneficioso. De hecho, un bodhisattva ha desarrollado la cualidad mental de no experimentar ni orgullo ni desánimo. En su plena entrega a los demás seres sensibles, no se considera importante. Su comportamiento es sincero y espontáneo. Los movimientos emocionales ya no velan su mente; es claramente consciente incluso de las causas y las condiciones más insignificantes de cada situación que se le presenta.

Alcanzar este nivel significa lograr una forma de plenitud; sin infelicidad, la vida es agradable. Gestionamos las dificultades con más facilidad. Las causas del miedo, la preocupación, el rechazo y la ira no están activas en la mente. Consideramos todas las situaciones y los fenómenos con ecuanimidad. Los pensamientos dañinos siempre perturban a una mente ordinaria porque no puede identificar su origen. Esto provoca mucha confusión y una visión errónea de las cosas. En cuanto a los pensamientos agradables, inmediatamente tratamos de atraparlos y conservarlos; no aceptamos que sean fugaces. Los bodhisattvas son capaces de identificar este funcionamiento idéntico en todos los seres y, en base a esta visión, generan una compasión ilimitada. Saben que la ignorancia es la causa de las acciones nocivas y del sufrimiento de todos los seres.

Aceptar la noción de la mente del despertar puede ser espontáneo y natural, pero su aplicación sigue siendo complicada. Por eso se recomienda un entrenamiento progresivo, para evitar desanimarse y abandonar. Las oraciones de generar deseos también apoyan este ejercicio. Algunos grandes bodhisattvas han formulado aspiraciones específicas para desarrollar la mente del despertar, como el bodhisattva Samantabhadra o Shantideva. Leer y recitar estas aspiraciones va a afianzar su sentido en la mente. Al principio, decir: «¡Que los pobres conozcan la riqueza, que los afligidos encuentren alegría, que la confianza alivie a los desesperados y les traiga fuerza y excelencia! ¡Que los enfermos sean liberados de toda dolencia lo antes posible; que la enfermedad sea desconocida en este mundo!»[6] no es necesariamente algo natural. Convertirlo en un hábito nos infunde una manera diferente de ver las cosas y repercute en nuestro comportamiento. Formular regularmente estas aspiraciones refuerza nuestro compromiso con el camino de la bondad y la compasión y deja en nosotros una huella de la mente del despertar. Al hacerlo, captamos el sentido y nuestra mente se conecta con el significado de las palabras. Entonces nos volvemos capaces de traducirlo en acciones beneficiosas.

Ayudar a los demás parece normal, pero, si analizamos honestamente nuestro estado mental, nos damos cuenta de que nuestro deseo de ayudar a los demás esconde a menudo una expectativa (de reconocimiento, de retorno, etc.); si no recibimos nada a cambio, entonces nuestra motivación se debilita. El ejercicio consiste en generar primero un hábito: empezar por acciones cotidianas de poca importancia, sin esperar ninguna recompensa. Hacer esto constantemente genera una tendencia que toma con solidez la dirección del despertar. En la vida cotidiana, a menudo la más mínima expectativa frustrada o insatisfacción nos desconecta fácilmente de esta dirección, dando paso al descontento y a la frustración. Si nuestra irritación persiste, aumentará y nos separará de los demás. Todas las condiciones desagradables e infelices surgen del egocentrismo. La práctica del intercambio, tal y como se ha descrito, lo remedia

6 Santideva (2012), *Camino al despertar: Introducción al camino del Bodhisattva (Bodhicaryavatara)*, Siruela.

y corta de raíz las semillas de la infelicidad futura. Este método puede cultivarse como ejercicio mental, pero es al llevarlo a la realidad cuando realmente da fruto. La comprensión precisa de cómo funcionamos, así como la claridad obtenida a través de la meditación, constituyen una base sólida para este entrenamiento e inician el proceso de transformación.

Conviene tener en mente un punto de referencia que nos recuerde la dirección que queremos tomar: mantener la mente relajada, sean cuales sean las circunstancias. No se trata de una forma de relajación en términos de ocio, sino una manera de *distender* la mente en cuanto nos damos cuenta de que determinadas causas y condiciones han creado tensión. Una mente relajada no cede al pánico de los movimientos emocionales predominantes y recordará de forma natural lo que hay que hacer para abordar la situación en cuestión.

Civilizando la mente

Uno de los puntos clave de este entrenamiento reside en el dominio adecuado de la mente. Esto significa civilizar el hábito rebelde de la mente de seguir los mínimos sucesos emocionales. Esta disciplina debe aplicarse gradualmente, ya que forzar el cambio no es duradero. Si no domamos nuestras pasiones internas, las dificultades externas no harán sino multiplicarse.

Un bodhisattva domina su ira mediante la bondad y la compasión. Su comprensión clara de las situaciones elimina toda causa para que aflore esta emoción. Aquí hacemos hincapié en la ira porque es una de las principales causas que desencadenan acciones perjudiciales.

Del mismo modo que un bodhisattva no cede a la ira, también está por encima de sus preferencias personales. No se entretiene con ellas porque sabe que, cuanto más se sucumbe al placer, mayor es el deseo. El placer es como el agua salada: cuanto más bebemos, más sed tenemos, porque nuestra sed no se sacia. En cuanto hemos satisfecho un deseo, vamos en busca de una nueva satisfacción. Alimentar este proceso crea un apego sin fin y una infelicidad sin límites.

Estar por encima de lo que nos proporciona placer no significa contentarse con el sufrimiento. Significa, más bien, ofrecer lo que es agradable a los demás en lugar de quedárnoslo para nosotros. Este aspecto de la conducta de un bodhisattva forma parte de la práctica de la generosidad inteligente: si detecta que alguien necesita algo de lo que posee, se lo ofrece con gusto, sea cual sea su valor.

Actuamos según un funcionamiento dual: si algo nos resulta agradable, deseamos adquirirlo como sea y, si algo no nos gusta, queremos deshacernos de ello lo antes posible. Esto es lo que ocurre cuando nos centramos en nosotros mismos como resultado del funcionamiento del ego. Cada situación desencadena una reacción emocional. Esta reacción tiñe la mente, así como la acción o las palabras que le siguen de inmediato. La interdependencia de nuestros estados mentales y nuestras acciones es la génesis de la infelicidad en todas sus formas.

Observar la forma en que empleamos nuestro tiempo es una parte importante de la práctica de los bodhisattvas. Pensamos y actuamos a cada momento. Observar lo que hacemos nos permite ser más conscientes de lo que ocurre y adaptar nuestro estado mental y nuestro comportamiento si es necesario. Sin esta reflexión sobre nuestra vida cotidiana, los días y los meses pasan sin que sepamos realmente lo que estamos poniendo en marcha para nuestro futuro: las semillas que estamos plantando y de las que recogeremos los frutos. Generalmente, nuestras palabras y nuestras acciones están motivadas por alguna forma de apego a nosotros mismos: orgullo, en algunos casos, celos, en otros. Comprender esto cambia nuestra percepción y la calidad de nuestra comunicación. Aunque no se trate de acciones muy dañinas, desarrollamos un hábito y las negatividades aparentemente insignificantes se acumulan, a menudo sin darnos cuenta.

Las seis perfecciones

Podemos resumir la actitud de los bodhisattvas descrita anteriormente en seis tipos de entrenamiento, denominados *las seis perfecciones*: generosidad, ética, paciencia, esfuerzo entusiasta, meditación y discernimiento. Es necesario cultivar las seis perfecciones en la mente y también aplicarlas de forma concreta.

Un bodhisattva practica la generosidad de forma natural: libre de todo apego, actúa únicamente movido por las necesidades de los demás. La generosidad en este caso se refiere a actuar de acuerdo con lo que se necesita y utilizar todas nuestras cualidades y capacidades disponibles para estar al servicio de los demás. Dar no significa sólo ofrecer bienes materiales, sino también ayudar y apoyar a los demás, ofrecer lo que sea necesario (tiempo, escucha atenta, etc.). Es exactamente lo contrario de quedarnos al margen y permanecer en nuestra zona de confort. El *abbé* Pierre[7] es un buen ejemplo de perfecta generosidad. Esta cualidad puede adoptar muchas for-

---

7 Nota de la traductora: El *abbé* Pierre (1912-2007), sacerdote católico francés y fundador del movimiento Emaús de ayuda a los pobres y a los sintecho, es un icono de la cultura francesa.

mas, y no está reservada a un segmento acomodado de la sociedad, sino que comienza con la pregunta: «¿Cómo puedo ser útil a los demás?». Practicar la generosidad a nuestro nivel, sin esperar nada a cambio, es poner en marcha un proceso kármico beneficioso para los demás y para nosotros mismos: un primer acto de generosidad es una semilla que se planta, que madurará en un fruto beneficioso y generará una dinámica de acciones beneficiosas. Esta actitud de compartir y de apertura cierra la puerta a la infelicidad.

La buena conducta o la ética significa actuar sin cometer acciones perjudiciales. Combinada con la generosidad, por ejemplo, la conducta ética nos permite avanzar en una dirección beneficiosa. Garantiza que una acción tenga la motivación y la orientación adecuadas. En efecto, un acto puede ser generoso sin ser beneficioso, como dar armas. La ética positiva significa, por tanto, mantenerse en la dirección de la mente del despertar.

La tercera perfección es la de la paciencia e implica afrontar las dificultades sin rendirse ni actuar de forma perjudicial. Del mismo modo, cuando un bodhisattva se enfrenta a alguien que es hostil o perjudicial, no se permite considerar a esa persona como un enemigo ni alberga resentimiento. Se limita a practicar la paciencia sin reaccionar impulsiva o negativamente, lo que neutraliza la ira.

La cualidad de paciencia de un bodhisattva se combina con la noción de esfuerzo entusiasta. De hecho, no acepta las situaciones desafortunadas sin reaccionar; siempre está dispuesto a hacer lo que es beneficioso. Sea cual sea la dificultad o la duración de la tarea, trabaja incansablemente sin aplazar lo que hay que hacer. El esfuerzo entusiasta también implica no desanimarse, sino perseverar. Esta cualidad es un excelente remedio contra la pereza.

La meditación es el elemento que hace efectivas las cuatro cualidades anteriores. Sin embargo, en el contexto de las perfecciones, no se trata tanto del entrenamiento en la meditación, sino del resultado. Un bodhisattva con amplia experiencia en meditación permanece en un estado mental libre de distracciones y perturbaciones. Esta absorción meditativa completa erradica la aparición de las semillas de los oscurecimientos de la mente.

La combinación de las cinco perfecciones mencionadas permite desarrollar un poderoso potencial: el discernimiento perfecto. Sin este tipo de comprensión clara, el despertar es inconcebible. El discernimiento perfecto se refiere a una inteligencia infalible, lo que podríamos llamar una *mente perfecta*, una mente completamente libre de confusión e ignorancia. Este discernimiento pleno nos lleva más allá de la infelicidad, porque percibimos la realidad tal cual es, tanto en su naturaleza como en sus múltiples manifestaciones. Las semillas de infelicidad ya no tienen razón de ser. Los conceptos de *sujeto que actúa*, *acción* y *objeto de acción*, que son la base de la dualidad y de la infelicidad, desaparecen. Todo lo que queda es una clara comprensión de la realidad, que se convierte en el impulso de la actividad despierta en beneficio de todos los seres.

Poner en práctica estas seis cualidades significa vivir en la total perfección. No se trata de dedicar sólo unas horas al día o una cantidad de tiempo reservado a ponerlas en práctica. Los bodhisattvas encarnan esta perfección en todo momento, sin vacaciones ni descanso. Aunque nosotros todavía no poseamos estas cualidades, nos indican la dirección que deseamos seguir. Basta con que nos animemos a ponerlas en práctica, según nuestras capacidades actuales, sin desanimarnos. Hacer todo lo posible por aplicar estas seis perfecciones nos permite progresar en el camino.

No necesitamos un contexto concreto para empezar a aplicar las cualidades, sino que podemos hacerlo en cualquier lugar. En nuestro cojín de meditación actúan como recordatorio. Cuando interactuamos con los demás, las ponemos a prueba de forma concreta. Todas las situaciones que encontramos en la vida son oportunidades para intentar aplicar la mente del despertar. Las seis perfecciones son ejemplos de la dirección que debemos seguir para no desviarnos del camino. Estas referencias nos ayudan a distinguir lo que es beneficioso de lo que es perjudicial.

A veces la realidad de los bodhisattvas puede parecernos una bonita leyenda muy alejada de nuestra experiencia. Sin embargo, ¡no es así! La lectura de las biografías de grandes bodhisattvas como el décimo Karmapa lo demuestra. Yo mismo fui testigo de esta perfección en la persona del decimosexto Karmapa (1924-1981). Cuando vivía en Rumtek, en el noreste de la India, se levantaba todos los días a las cuatro y media de la mañana y rara vez se acostaba antes de medianoche. Consagraba cada minuto de su tiempo a los demás. Sin tensiones ni presiones, se limitaba a hacer lo que se le pedía. A menudo esto significaba recibir a personas que a veces habían viajado cientos o miles de kilómetros para reunirse con él y hacerle una petición. Tanto si se trataba de un gobernante como de un campesino local, su calidad de atención y escucha seguía siendo la misma y se esforzaba al máximo por responder a sus preguntas o peticiones. En otras ocasiones, una familia venía a pedir rituales para un pariente fallecido. Inmediatamente se ponía a realizar extensas prácticas para el difunto. Además de dar audiencias, era responsable de la educación de los jóvenes maestros, tomándose el tiempo necesario para transmitirles las enseñanzas y asegurarse de que entendían las palabras y su significado. Como cabeza del linaje karma kagyu, se aseguraba de que los programas de estudio fueran auténticos, de que los rituales se realizaran correctamente y de que se respetaran las condiciones para la práctica. También viajaba por todo el mundo para responder a las peticiones que le hacían. Nunca se reservaba tiempo para sí mismo. Al igual que los bodhisattvas, prestaba su apoyo constantemente y sin juzgar. La enfermedad y el cansancio nunca le afectaron.

Estos grandes bodhisattvas son seres extraordinarios cuya función es sencilla: ser útiles a los seres sensibles y ofrecerles lo que necesitan sin criticarlos ni juzgarlos. Su actividad procede de una motivación y un entusiasmo espontáneos y sinceros hacia los demás, que no son impulsivos ni se basan en el apego. Aunque aún no hayamos alcanzado este nivel de perfección, podemos intentar apoyarnos y ayudarnos mutuamente, estar atentos y mejorar nuestra capacidad de escucha, etc. Practicando con regularidad, no sólo generamos buenos hábitos, sino también buenas condiciones kármicas. La acumulación de actos beneficiosos reduce el karma negativo y contribuye a preparar un buen destino futuro. De este modo, podemos adquirir condiciones de vida adecuadas para vivir conectados con las tendencias de la mente del despertar, generadas en la vida anterior. Gracias a esta conexión, podemos volver a encontrar circunstancias favorables para continuar nuestro progreso en el camino de la mente del despertar. Vida tras vida, podemos avanzar de este modo hasta alcanzar el despertar.

Esta forma de vida requiere esfuerzo, y a veces somos perezosos, por lo que una buena comprensión del mecanismo a largo plazo nos permite aplicarnos con más diligencia.

Capítulo 6: No dañar

Otro aspecto del compromiso de un bodhisattva es no cometer acciones perjudiciales. Se preocupa de no ser una fuente de negatividad por dos razones: por sí mismo y por los demás. Del mismo modo que se dedica a ayudar a los demás, también se preocupa de no perjudicarles, haga lo que haga. Por eso examina constantemente su estado mental y se asegura de no dejar que disminuyan la bondad y la compasión que ha desarrollado.

Examinar nuestro estado de la mente

En la vida cotidiana, realizamos acciones a cada momento. A veces, lo hacemos conscientemente; otras, sin prestar realmente atención a lo que decimos o hacemos, y otras actuamos con total ignorancia. El hecho es que, por lo general, no prestamos suficiente atención a los pensamientos que surgen y a las acciones que llevamos a cabo. Debido a este descuido, estamos generando las causas de nuestra propia infelicidad.

La mente nos permite percibir, es decir, conocer. Como se ha explicado en capítulos anteriores, nuestras percepciones no son neutras y van rápidamente acompañadas de sentimientos (agradables, desagradables o indefinidos) que provocan juicios y reacciones (atracción, rechazo o indiferencia). Todo ello condiciona nuestras palabras y nuestras acciones. Estamos tan acostumbrados a este mecanismo que tiene lugar sin que nos demos cuenta. Gobierna nuestras cogniciones y todas nuestras percepciones. A pesar de ello, nos engañamos pensando que actuamos de forma independiente y tomamos nuestras propias decisiones.

Los bodhisattvas, al haber identificado claramente este mecanismo humano, se protegen de él inspeccionando con frecuencia lo que ocurre en su interior. Conocer en detalle este mecanismo es una buena base, pero esto por sí solo no interrumpe el proceso. Fácilmente caemos en ser víctimas de nuestros hábitos y hacemos daño sin darnos cuenta. Remediar esto es cuestión de observar constantemente lo que ocurre en nuestro interior y tener cuidado de que nuestras reacciones emocionales no se conviertan en creencias que ya no cuestionamos. Este hábito de desarrollar creencias incuestionables está profundamente arraigado en nosotros. Acompaña todos nuestros movimientos y acciones, desde los más insignificantes hasta los más importantes, y da forma a los que vendrán.

Comprender bien el mecanismo de causa y efecto es esencial si queremos desarrollar una bondad y una compasión auténticas. La mayoría de las personas no desean causar daño ni sienten placer por ello. En general, todo el mundo quiere ser bueno. Sin embargo, a veces pensamos que estamos haciendo algo bueno cuando en realidad no es así. Esto se debe simplemente a que nuestra comprensión del karma es demasiado parcial o superficial. La actitud de un bodhisattva requiere una observación aguda y rigurosa de los movimientos emocionales de la mente. Aunque es imposible detenerlos, podemos, sin embargo, reconocerlos con precisión y estar atentos a sus juegos para no seguirlos. Así es como los bodhisattvas deshacen su propia ilusión. Este proceso requiere ser muy honestos con nosotros mismos y aceptar nuestros defectos. Si no reconocemos nuestros defectos, no podremos superarlos y progresar. Si, por ejemplo, no admitimos la semilla de celos sutiles que influye en una palabra o en una acción, corremos el riesgo de causar daño, aunque aparentemos ser buenos practicantes.

Lo que decimos de los demás y nuestras críticas —fundadas o no— constituyen otra forma de acción dañina. Las quejas y las críticas forman parte de la naturaleza humana, sea cual sea la forma que adopten. Dado que alimentan los movimientos emocionales que oscurecen la mente y llevan a perder la claridad que pretendemos cultivar, los bodhisattvas se cuidan de no sucumbir a la crítica y a la queja, aunque sean hábitos normales. No estamos aquí considerando algunas críticas, que pueden ser totalmente necesarias y legítimas. No se trata del acto en sí, sino de su origen y de lo que provoca en nosotros y en los demás.

Consideremos el proceso natural de la crítica. Si estamos con una persona que critica a otra, podemos observar que nos sumamos fácilmente a la discusión, e incluso la alimentamos. Del mismo modo, si nos estamos quejando y alguien confirma lo que decimos, sentimos una especie de satisfacción y complicidad con nuestro interlocutor. Debemos entonces tratar de identificar con precisión el sentimiento que provoca la crítica. Está relacionado con la idea de un yo que quiere existir, ser escuchado, etc. La mayoría de las veces, veremos que simplemente hemos seguido este sentimiento sin ser conscientes de ello. Este sentimiento conduce a diversos juicios y opiniones que se suceden, provocan otros y, en general, arrastran la mente a su paso. Sellan nuestra mente con una tendencia contraproducente. Nos alejan de un estado mental beneficioso y crean obstáculos para la paz y la armonía, desde el nivel familiar hasta una escala mucho mayor. Este proceso es simplemente el mecanismo ordinario de la emoción: reaccionar impulsivamente a las condiciones que encontramos. Esto limita el desarrollo de las capacidades de la mente. Perdemos las cualidades que hemos adquirido y nos desviamos de nuestro objetivo: la dirección de la mente del despertar.

La mente es como una planta medicinal: si sabemos utilizarla adecuadamente, puede remediar muchos males y posee grandes virtudes. Sin embargo, si no somos conscientes de sus propiedades exactas, puede convertirse en un veneno. La dimensión de claridad y compasión está presente a la vez que la posibilidad de la ignorancia. Ser conscientes de los procesos habituales de nuestra mente nos permite permanecer con el aspecto claro y compasivo de la mente. De lo contrario, dejamos la puerta abierta a la ignorancia.

Examinar lo que ocurre en nuestro interior se convierte en una experiencia personal. Observamos el funcionamiento concreto de nuestra maquinaria emocional. Entonces, somos capaces de vivir de verdad, sin ser esclavos de nuestras propias manipulaciones. Esto también nos permite aclarar nuestros puntos de vista y actitudes. Este análisis es especialmente pertinente en nuestra época, ya que estamos constantemente bombardeados de información —rumores, propaganda publicitaria o económica— que a menudo no es fiable. Adquirir esta lucidez evita que nos convirtamos en *borregos*.

No se trata de enjuiciar la crítica ni de sentirse culpable cuando nos pillan, porque eso no lleva a ninguna parte. La idea es observar todas las ramificaciones de nuestras opiniones, palabras y acciones para no perjudicarnos a nosotros mismos ni a los demás. Si comprendemos cómo gestionar el impulso de criticar, podremos aplicar esta habilidad en otras circunstancias. Si dejamos de ser presos de la ilusión creada por los movimientos de nuestra mente, adquiriremos una mejor visión de la realidad.

Preservar las cualidades desarrolladas

La conducta de un bodhisattva procede directamente del ejemplo de Buda, así como del estudio, la contemplación y la meditación basados en sus enseñanzas. Estas tres prácticas nos permiten prosperar en su discernimiento. Sin embargo, ciertas condiciones pueden mermar las cualidades que desarrollamos. El aprendiz de bodhisattva aún está desarrollándose, lo que significa que todavía no ha consolidado las cualidades en su interior. Como un niño que aprende a andar y da pasos con inseguridad, puede tropezar y caer. Atrapados en nuestra visión dualista, tendemos a querer las cosas para nosotros y salir victoriosos, lo que nos lleva a la competitividad y adoptar posturas a nuestro favor. En base a esta tendencia, generamos incesantemente condiciones que alimentan la rivalidad y la búsqueda de nuestro propio beneficio. Este proceso desvirtúa las cualidades que hayamos podido adquirir.

¿Cómo reacciona un bodhisattva ante esto? Evita la dualidad. Parece una idea muy buena, pero pronto nos encontramos con un problema: ¿cómo llevarlo a la práctica? Evitar las condiciones de la dualidad significa permanecer sin apego. De hecho, un bodhisattva vive completamente libre de toda discriminación interesada. No diferencia entre el resultado de su propia ganancia o pérdida, ni entre lo que le es beneficioso o perjudicial. Puede ser objeto de la mala voluntad de los demás, sin enfadarse ni cultivar resentimiento alguno. Del mismo modo, si recibe atención especial, no se aferra a ella. Su mente permanece ecuánime e imparcial. Como resultado, se relaciona de forma más auténtica con las personas y cosas de su entorno.

Por nuestra parte, apreciamos naturalmente lo que es favorable o agradable, e inmediatamente nos apegamos a la sensación placentera (física o mental), lo que nos lleva a buscarla exclusivamente. Cuando nos encontramos con una sensación o situación desagradable, la rechazamos automáticamente. Este apego a nuestras preferencias se convierte en un hábito alimentado constantemente y que consume la mayor parte de nuestro tiempo y energía. Dividimos el mundo en tres categorías: lo que queremos, lo que no queremos y lo que no nos es indiferente. Todos nuestros problemas se derivan de esta división egocéntrica, que condiciona nuestros sentimientos y nuestras acciones. El tiempo y la energía dedicados a buscar nuestra propia satisfacción ocupan mucho espacio en nuestra mente y perdemos fácilmente de vista lo esencial. Inevitablemente, nuestro entrenamiento en la mente del despertar se ve resentido.

Un bodhisattva no clasifica a los seres en diferentes categorías. Siente compasión tanto por los que hacen daño como por los que se esfuerzan por actuar virtuosamente, tanto por los cazadores como por sus presas. Su visión no fluctúa según la situación, pues ya no se basa en el funcionamiento dualista de aferramiento y rechazo. Su actividad en favor de los demás consiste, por una parte, en ayudar a los demás y, por otra, en no hacer daño. Esta segunda parte tiene dos matices: no hacer daño a los demás y no generar perturbaciones en su mente. Gracias a su comprensión precisa del mecanismo del karma, un bodhisattva se mantiene vigilante para no ofrecer oportunidades que lleven a los demás a reaccionar negativamente y siembren semillas que les traigan infelicidad.

Los bodhisattvas tienen mucho cuidado de no molestar a los demás con palabras duras o comentarios hirientes que pueden causar confusión y dañar la mente del despertar. Nuestras palabras pueden enfadar a la persona con la que hablamos. Este movimiento emocional deja una huella en la mente de la persona. Dependiendo de la intensidad del sentimiento, de las circunstancias y del estado mental en que se produzca, todo puede degenerar y convertirse en una experiencia realmente difícil.

Si no tenemos cuidado, las semillas de diente de león dejadas caer descuidadamente sobre una roca pueden brotar cuando el viento arrastre la tierra y empiece a llover. El diente de león que queríamos eliminar de nuestro jardín puede volver a invadirlo rápidamente. Así funciona el karma: nunca sabemos de antemano qué causas o condiciones activarán una huella en la mente. Incluso una semilla diminuta puede crecer hasta convertirse en un árbol enorme.

El objetivo de volver una y otra vez sobre este tema no es para que adoptemos un enfoque radical y excesivamente reduccionista del karma. No sirve de nada pensar que el más mínimo malestar constituye un resultado kármico. Se trata más bien de comprender la complejidad del proceso para nosotros mismos y para los demás, y ver cómo interactúan ambos.

Parte de la dificultad reside en el hecho de que no podemos percibir directamente el mecanismo del karma. En este sentido, el karma es similar a la radiactividad: la gente permanece en lugares expuestos a ondas radiactivas porque no percibe ningún cambio en su entorno. Con el tiempo, enferman gravemente, pero cuando se presenta el resultado ya es demasiado tarde.

Es difícil comportarse cada día de forma totalmente pura. Sin embargo, si somos conscientes del mecanismo kármico, podemos identificar los sentimientos que motivan nuestras acciones y elegir no seguirlos. Si no tenemos en cuenta a los demás en este proceso, simplemente seguiremos alimentando este proceso insatisfactorio sin siquiera darnos cuenta. Por eso los bodhisattvas se cuidan de no ser una fuente de perturbación para los demás. Para ello, se ocupan de su propio estado mental.

Tampoco se trata de obligarnos a pensar en los demás todo el tiempo; es sobre todo una cuestión de nuestro estado mental y de fomentar esta apertura. Con una mente sincera, libre de las circunstancias que nos rodean, podemos seguir siendo naturales en nuestra forma de ser. Pero, por supuesto, nuestra forma de comunicarnos o presentar las cosas dependerá de la situación, es decir, de las personas implicadas.

Comportarse así, cuidando nuestro estado mental y con mayor apertura, hará que generemos una mayor tolerancia hacia los demás. En efecto, ¿podemos reprocharles que actúen según un modo de funcionar que es también el nuestro? Con esta comprensión, surge una compasión que no juzga ni hace diferencias. Somos capaces de ajustar nuestra ética vital y nuestra conducta (siendo más pacientes, por ejemplo), lo que repercute en nuestra vida cotidiana: nuestra vida toma un rumbo más favorable y nos enfrentamos a menos perturbaciones. Esta sinergia positiva genera una dinámica generalmente beneficiosa y, de hecho, nos lleva a no hacer daño.

Capítulo 7: La naturaleza de los fenómenos

En el capítulo sobre la meditación, hablamos de la naturaleza de la mente. Conviene volver sobre este punto con un poco más de detalle y ampliarlo a todos los fenómenos en su conjunto. Familiarizarse con estas nociones ofrece claves valiosas para la aplicación de la conducta de un bodhisattva.

La naturaleza de la mente

Es tentador pensar que el cerebro, el corazón o el cuerpo son la fuente de la mente, pero no es así. El estado natural de la mente de todos los seres es la claridad y la vacuidad. Examinemos estos términos más detenidamente. Relacionamos fácilmente el término *vacuidad* con una especie de vacío, como una casa vacía a la espera de un nuevo inquilino, o simplemente con una ausencia de existencia. Ninguna de estas opciones se aplica a la mente. En cuanto a la palabra *claridad*, no se refiere a una capacidad luminosa. Entonces, ¿qué constituye la mente? Es un conjunto de cualidades: una presencia sin forma ni sustancia de pura inteligencia, la claridad, y de compasión, la vacuidad. En otras palabras, estas cualidades de sabiduría y bondad son inherentes a la mente, nada ni nadie se las ha añadido. Son como el color del césped: el jardinero no ha pintado la hierba de verde, sino que crece así de forma natural. Así, la mente, en su estado original y estable, es claridad y vacuidad, lo que también se denomina *la naturaleza de Buda*.

Podemos concluir que no logramos permanecer en esta esencia porque nos perturban los movimientos emocionales y conceptuales que surgen en nuestra mente. ¿A qué se debe esto? La mente cae en la trampa de su propio funcionamiento. La cualidad de la claridad permite a la mente percibir todas las cosas, pero no tenemos acceso directo a esta dimensión que está oculta por varios velos: las emociones, el karma, los hábitos y los conocimientos acumulados a lo largo del tiempo. Estas diferentes capas se han ido depositando sobre su estado original, a lo largo de nuestras vidas pasadas y presente.

El proceso de cognición de un objeto desencadena varios movimientos mentales. Una vez registrada la presencia de un objeto (físico o mental), estos oscurecimientos adventicios se apoderan de la información y la interpretan según sus propios criterios, lo que nos impide permanecer en la dimensión natural de la mente. Entonces se pone en marcha el proceso de la vida tal y como la conocemos.

La causa que desencadena este mecanismo reside en la creencia en la existencia de un yo, a menudo traducida como 'aferramiento a uno mismo'. Esta creencia tan arraigada se perpetúa y luego se solidifica en función de las distintas experiencias que vivimos. El aferramiento a uno mismo, o aferramiento al ego, se manifiesta sobre todo a través de la identificación con nuestro cuerpo, nuestro nombre, nuestros sentimientos y nuestras opiniones. Es el hábito de identificarnos con nosotros mismos. El ejemplo más sencillo para tomar conciencia de ello es el de nuestro nombre: estamos tan familiarizados con él que parece formar parte de nosotros, ser nosotros mismos.

Veamos un ejemplo concreto para comprender mejor cómo funciona este aferramiento. Imaginemos que compramos un coche nuevo. Cuando tenemos un coche nuevo, nos preocupamos mucho de no estropearlo. Tenemos mucho cuidado de no hacerle el más mínimo rasguño y lo lavamos en cuanto se ensucia un poco. Ponemos todas estas precauciones en marcha nada más comprar un coche nuevo. Es más, si tenemos que aparcarlo en un lugar inseguro, tenemos una preocupación constante. En cambio, si comprendemos que nuestro coche es susceptible de ser rayado en cualquier momento e inevitablemente ocurrirá, sin que esto sea un drama, esta sensación desagradable no se apodera de nosotros. Conseguiremos mantener cierta distancia. Lo mismo ocurre con la mente: comprender y aceptar esta identificación con un yo nos libera.

Nuestro apego excesivo gobierna nuestros movimientos emocionales y conceptuales. A veces estos movimientos nos empujan en una dirección beneficiosa; otras veces, en una dirección perjudicial. La ira, los celos, el orgullo, el deseo, el miedo —por mencionar sólo algunos— y toda nuestra experiencia vital surgen a partir de este apego.

Leer o escuchar esta explicación no es suficiente para que tenga un efecto concreto en nuestra vida cotidiana.

Necesitamos tener una experiencia personal de las enseñanzas. En este caso, el verdadero cambio se produce de forma natural. Esta experiencia se adquiere observando nuestra mente e identificando los sentimientos y otros movimientos que surgen en nuestro interior, como hemos explicado en capítulos anteriores. Mientras no hayamos integrado esta experiencia, no habrá verdadera libertad. El significado de la claridad y la vacuidad es que ya no experimentamos ninguna identificación con un yo.

En el budismo, la liberación no es una experiencia mística en la que el practicante percibe cosas extraordinarias; al contrario, es una comprensión definitiva de lo absurdo de este yo. Cuando nos damos cuenta de que no es necesario que este aferramiento nos defina, la forma en que percibimos la vida cambia por completo.

La naturaleza de los fenómenos

Sobre la base de esta primera comprensión, las enseñanzas nos ofrecen un poco de espacio en la mente y hacen que nuestra realidad sea menos sólida y fija. En esta fase, es útil observar más de cerca los objetos que percibimos, ya sean objetos materiales o cosas que surgen en la mente: ¿tienen realmente la realidad que les atribuimos? La enseñanza de *El emplazamiento de la atención en los cuatro* [objetos] muestra que los objetos externos, junto con nuestros sentimientos, no existen tan sólidamente como tendemos a creer. Lo que hoy llamamos *mesa* ayer era un árbol y mañana puede ser leña. Al igual que nosotros mismos, los fenómenos externos son el resultado de una combinación de causas y condiciones, y están sujetos al paso del tiempo.

Es más, nuestra percepción parcial nos lleva a construir nuestra propia versión de las cosas. Cuando bebemos agua, sólo experimentamos nuestra versión personal del agua, que no es la misma que la realidad del agua. Creemos que lo que percibimos existe realmente tal y como lo experimentamos, pero en realidad estamos proyectando nuestros conceptos individuales sobre la realidad.

Esta constatación puede parecer extraña, dado que nuestras percepciones nos parecen tan reales como este *yo* que parece existir. Seguir funcionando según la certeza de nuestras percepciones significa consolidar los cimientos de nuestra infelicidad. Los bodhisattvas, en cambio, adoptan un estado mental contrario a nuestro funcionamiento ordinario. Saben que los objetos externos no tienen una realidad permanente y que el estado natural de la mente está más allá de cualquier categorización fabricada. Si integramos esta realidad, la percepción dualista deja de ser la base. Dejamos de funcionar en términos de una persona que percibe un objeto que está realmente presente. Nos liberamos de nuestras ideas personales fijas y de nuestra versión de la realidad para comprender las cosas como realmente son. Se produce un desapego natural. Al haber menos identificación con el yo, desaparecen las causas de la manifestación del apego, el descontento y la insatisfacción. Cortamos la infelicidad de raíz. Los bodhisattvas viven en base a esta comprensión, más allá de las ideas típicas de los seres humanos.

No sucumbir

Debido a esta comprensión, un bodhisattva no alberga arrogancia alguna, aunque sea famoso, respetado por todos y viva con gran lujo. Comprende que sus posesiones y su fama no son más que fenómenos condicionados sujetos al cambio. El hecho de no sucumbir al orgullo le protege de los errores que podría cometer bajo la influencia de esta aflicción.

Libre de rechazo o juicio, un bodhisattva percibe los fenómenos del mismo modo que un arcoíris. Todos sabemos que la aparición de un arcoíris es una manifestación temporal de la luz en función de las condiciones atmosféricas. Todos apreciamos su belleza, pero nadie se sorprende cuando desaparece. Un bodhisattva ve así todos los fenómenos, incluidos los que son agradables y atractivos. Se manifiestan, pero no tienen realidad última. No cede al apego que puede desarrollarse en función de las preferencias personales. Este modo de abordar los fenómenos impide que sean una fuente de infelicidad para él.

Cuando un objeto nos fascina, nos atrae y nos ocupa la mente. Queremos disfrutarlo al máximo y poseerlo. Sin embargo, si más tarde cambiamos de opinión, el mismo objeto que antes nos parecía esencial pierde importancia y ya no es capaz de fascinarnos de la misma manera. Sin embargo, el objeto en sí es el mismo. Esto demuestra que nos dejamos engañar más por nuestras percepciones que por los objetos en sí. Atribuimos una realidad a sentimientos pasajeros y nos implicamos en ellos en consecuencia.

Comprender este aspecto es esencial porque es un proceso que no está sólo reservado a nuestros apegos insignificantes; ocurre lo mismo con todo lo que experimentamos. Si bien es posible encontrar soluciones para las nimiedades de la vida cotidiana, esto no resuelve el problema más fundamental de este proceso de apropiación que actúa en todo momento, nos aprisiona y provoca nuestra infelicidad.

Al darnos cuenta de que los fenómenos externos se parecen más a las imágenes de un sueño que a la realidad sólida, y de que nuestros estados mentales fluctúan en función de la intensidad de nuestro aferramiento, adquirimos una mayor perspectiva de nuestro propio discurso mental. A medida que nos acostumbramos a este entrenamiento, nuestras creencias y opiniones que están bien arraigadas dejan de ser tan rígidas y nos hacemos más flexibles. A medida que el ego pierde terreno, deja espacio para una menor agitación y una mayor estabilidad.

Sobre esta base, se establece una relación diferente con el apego y el rechazo. Incluso experimentaremos el sufrimiento de otra manera. Un bodhisattva considera las dificultades que encuentra con la comprensión de ser una ilusión, al igual que las cosas agradables. Como es consciente del proceso de generación de la infelicidad, no permite que se instale ni se identifica con la aparición de sus causas. El sufrimiento es el resultado de una secuencia de emociones y conceptos basados en el apego al yo. El bodhisattva ve claramente el aspecto irreal de este proceso, lo que disipa el rechazo a un sentimiento desagradable o el apego a uno agradable.

La comprensión precisa de estos conceptos requiere más que unas horas de estudio. Los objetos que nos rodean, los sentimientos que experimentamos y las creencias a las que nos aferramos conforman nuestro universo cotidiano. Sólo es posible cuestionarlos adecuadamente a partir de una reflexión profunda. De lo contrario, corremos el riesgo de finalizar nuestra reflexión en la primera conclusión.

Además, la comprensión se desarrolla a través del proceso meditativo que se cultiva día a día. La meditación nos permite experimentar una forma de conocimiento que va más allá de las palabras. Sin este aspecto de la práctica, los límites del intelecto y de nuestras creencias actúan como una barrera. Leemos los distintos capítulos de este libro y más o menos los entendemos. El problema reside precisamente en estas mismas aproximaciones y en esta falta de precisión, que refuerzan la confusión.

La meditación basada en la reflexión permite una comprensión diferente de nuestras representaciones habituales; pero, para ello, necesitamos un hábito de meditación a largo plazo. Entonces, basándonos en nuestra experiencia y en las instrucciones dadas, nos daremos cuenta de que nuestra versión del mundo no es una realidad objetiva. Veremos que es el fruto de nuestros velos que oscurecen la naturaleza de la mente. A partir de nuestros oscurecimientos, se establece una interpretación que tomamos por realidad. La práctica regular de la meditación ofrece la posibilidad de liberarnos de esta versión poco fiable de la realidad. Por supuesto, es importante recordar que no podemos forzar el resultado. La comprensión aparece en función de nuestras propias capacidades y nuestro ritmo. De este modo, nuestra relación con el apego y el rechazo cambiarán de forma natural y evitaremos caer en la trampa de la fascinación.

En uno de los capítulos de *El precioso ornamento de la liberación*, Gampopa explica que los bodhisattvas continúan disipando sus oscurecimientos hasta que alcanzan el despertar. Aunque se eliminen los oscurecimientos más básicos, los más sutiles permanecen. A todos nos lleva tiempo liberarnos de nuestro funcionamiento habitual.

Atención y conciencia

Los bodhisattvas se apoyan en dos herramientas indispensables para evolucionar más allá de sus hábitos fundamentales: la atención y la conciencia. Al igual que en el entrenamiento meditativo, la atención significa estar presente en uno mismo y la conciencia implica reconocer los movimientos que surgen en la mente. Por lo general, la meditación nos permite entrenarnos para no dejar que la mente divague. Adquirimos la capacidad de identificar los sentimientos y los conceptos que están presentes para no seguirlos.

Los bodhisattvas están tan acostumbrados a esta práctica que son capaces de aplicarla a las situaciones cotidianas. Así, en cuanto aparece un sentimiento o una percepción, se dan cuenta inmediatamente y reconocen su origen.

Los movimientos emocionales y conceptuales surgen de forma natural e instantánea en la mente. Una vez que se instalan y se arraigan a nosotros, es difícil cambiarlos. El objetivo, por tanto, es evitar perpetuar este hábito y mantener la presencia de una mente atenta y consciente.

Veamos un ejemplo para entender cómo utilizar las herramientas de la atención y la conciencia: sin motivo aparente, sentimos descontento. La atención nos permite identificar este sentimiento en cuanto surge. Entonces empezamos a buscar la causa de esta infelicidad: soledad, aburrimiento, etc. Gracias a este análisis lúcido, nos damos cuenta de que esta insatisfacción está vinculada a un deseo específico insatisfecho. Nuestra búsqueda se centra entonces en este deseo: ¿de dónde viene? ¿Qué lo desencadena? Si seguimos el hilo, llegaremos a la fuente: el apego profundo que es, de hecho, el aferramiento a un yo. A través de esta observación del origen de nuestra experiencia, podemos actuar sobre las causas de nuestra insatisfacción última.

Para que este método sea eficaz, hay que aplicarlo a menudo y en diferentes contextos hasta que nos demos cuenta de que este proceso impregna toda la vida. Tanto las dificultades como las alegrías están directamente vinculadas a este apego fundamental. Mientras no nos demos cuenta de que este aferramiento es innecesario, nuestras emociones seguirán fluctuando de acuerdo con él. Nuestros estados mentales cambian constantemente y son la causa de nuestras insatisfacciones.

Provisto en todo momento de atención y conciencia, el bodhisattva detiene los hábitos antes de que se vuelvan incontrolables. Sean cuales sean las circunstancias, sigue siendo plenamente consciente de su estado mental actual. Como está menos atrapado emocionalmente en las situaciones con las que se encuentra, está más presente para los demás y, por tanto, más disponible para ellos. A nuestro nivel, el objetivo no es ser perfectos, sino ver claramente nuestras imperfecciones para poder actuar sobre sus causas.

Dedicar las acciones benéficas

Una mejor comprensión de la naturaleza de los fenómenos y de nuestra mente debilita gradualmente el dominio de la dualidad sobre nosotros. Hay otra práctica de los bodhisattvas que también sigue este camino: la dedicación de las acciones benéficas, también llamada *mérito*. Esta práctica consiste en dedicar a todos los seres el bien realizado por nosotros y por los demás. Al principio, esto significa pensar en los demás según la perspectiva de la mente del despertar. Crear este hábito dirige la mente hacia los demás sin esperar ningún beneficio personal. En consecuencia, esto conduce a una cierta liberación del apego: ofrecemos nuestras mejores acciones a los demás. De este modo, el ego ya no puede apropiárselas para sí mismo.

La mayoría de las veces, consciente o inconscientemente, esperamos una recompensa por nuestras acciones, en forma de un gesto de gratitud, por ejemplo. La perspectiva de la mente del despertar excluye toda expectativa personal o cálculo del *rendimiento de la inversión*. La práctica de la generosidad, por ejemplo, significa estar al servicio de los demás, sin manipulaciones ni segundas intenciones. Es fácil que nos habituemos a sacar provecho de las cosas, pero la mente del despertar nos propone otra forma de ser. Como formamos parte de un proceso de entrenamiento gradual, necesitamos empezar a nuestro nivel para evolucionar hacia la acción incondicional. Por otra parte, es bueno tener en cuenta que no existe una escala cualitativa de las acciones, en las que ciertas acciones sean más beneficiosas que otras. Desde el momento en que la motivación es sincera, y la acción justa, los beneficios son idénticos. Además, dedicar el beneficio de un acto al bien de todos los seres amplifica su valor.

Esta dedicación de méritos adquiere otra dimensión cuando la lleva a cabo un bodhisattva. En este caso, se realiza sobre la base de la comprensión de la naturaleza de los fenómenos y de la mente. La mente es el instrumento que hace posible dedicar estos méritos. Si la mente no está limitada ni sujeta al apego a sí misma, la dedicación trasciende un simple pensamiento. Llega a realizarse realmente, completando así el acto benéfico.

La mente debe estar constantemente vigilante: en el momento en que surge la intención de una acción, durante su realización, pero también después, acompañando la acción hasta su conclusión, dedicando su beneficio. Mantener una cualidad de presencia a lo largo de estas tres fases nos protege de la influencia del aferramiento al ego y nos ayuda a plantar las semillas de la actitud del despertar.

Nota final

El camino del bodhisattva es el de la bondad y la compasión. Implica comprometerse con una actividad beneficiosa y renunciar a causar daño. Este camino puede ayudarnos a resolver numerosos problemas e incluso a liberarnos por completo de la infelicidad. Adoptar la actitud del bodhisattva comienza por observar lo que constituye nuestra realidad: nuestra existencia humana, nuestra mente, nuestros sentimientos y nuestras acciones. El camino comienza, pues, con una observación sincera de nosotros mismos para comprender cómo funcionamos. Los puntos de referencia —Buda, sus métodos y nuestros compañeros de viaje— proporcionan apoyo y actúan como puntos de referencia en el camino.

Un principiante no necesita ningún entorno determinado para aplicar estos consejos. Simplemente puede utilizar las circunstancias que se manifiestan a su alrededor, en la vida cotidiana. Forzar el progreso no da resultados duraderos. Sólo la comprensión y la integración personales dan lugar a un progreso estable. La aplicación debe estar en consonancia con nuestras propias capacidades. No tiene sentido ser demasiado exigente. En lugar de eso, empezamos detectando una actitud, un sentimiento o una forma de agitación; intentamos descubrir lo que ocurre en nuestro interior siguiendo el método propuesto. A partir de ahí, podemos experimentar eligiendo, por ejemplo, no seguir ese movimiento que hemos identificado. Este método reiterado hace más hincapié en el proceso en sí que en el resultado final, ya que el propio proceso determina el resultado.

La práctica de la meditación es otro elemento importante en la evolución hacia la actitud del bodhisattva. Nos aporta dos cosas. En primer lugar, nos permite obtener una mayor claridad mental y, por tanto, una mejor comprensión. En segundo lugar, nos permite digerir la información y las experiencias a través de un medio distinto del intelecto. La práctica de la meditación facilita la integración y la adopción de las nociones aprendidas en las enseñanzas budistas y nos ayuda a hacerlas nuestras. Es importante saber que la meditación es un entrenamiento que requiere una regularidad. A medida que avanzamos, la claridad que adquirimos disipa la confusión y nos permite comprender mejor lo que ocurre en la mente y en las situaciones que se nos presentan.

Este libro se basa en las enseñanzas de Buda, y cualquiera que desee realmente emprender el camino de la mente del despertar debe tomarse el tiempo necesario para familiarizarse con los valores y las cualidades de Buda, sus métodos y aquellos que los han llevado a su plena realización. Este paso es crucial, pues nos permite desarrollar confianza en las enseñanzas y el resultado. Esta confianza constituirá un punto de apoyo estable a lo largo de nuestro progreso en el camino, incluso cuando afloren dudas. Sin ella, tenemos dificultades para perseverar y ser pacientes. Corremos el riesgo de optar por seguir nuestras propias interpretaciones, que no nos conducirán al resultado que buscábamos inicialmente.

Comprender lo que es un buda requiere un entrenamiento profundo de las enseñanzas. No podemos desarrollar confianza basándonos en preferencias personales; no se trata de que nos guste Buda, sino de comprender qué es lo que hace que un ser así sea absolutamente extraordinario. ¿Qué es esa libertad que descubrió? Si deseamos convertirnos en budas, es esencial que comprendamos el significado de estos aspectos.

Es posible poner en práctica de manera parcial el camino del bodhisattva. Como ya se ha explicado, esto ofrece resultados relativos significativos, como una mayor serenidad y una mejor forma de afrontar las dificultades, etc. Sin embargo, si estos logros no constituyen nuestro objetivo final, debemos tener cuidado de no estancarnos en este nivel. Para asegurar un buen progreso hacia el despertar, el practicante necesita entrenarse en tres prácticas: el estudio de las enseñanzas (que también incluye la contemplación), la meditación y la acción beneficiosa o el servicio a los demás. Estos tres elementos deben estar presentes para lograr el resultado. Uno o dos aspectos no serán suficientes; omitir elementos puede llevarnos en una dirección demasiado extrema que nos impedirá alcanzar nuestro objetivo.

La práctica de la meditación por sí sola, sin conocimiento de las enseñanzas, ciertamente nos ayuda a desarrollar claridad mental. Sin embargo, no hay garantía de que la dirección de esta claridad nos permita alcanzar las cualidades de un bodhisattva.

Si nos concentramos únicamente en estudiar las enseñanzas, nos convertiremos en grandes eruditos capaces de pronunciar discursos impresionantes, pero no evolucionaremos porque no sabremos aplicar nuestros conocimientos en las situaciones prácticas.

Por último, si no integramos el estudio y la meditación en nuestra actividad diaria, no es posible adquirir una experiencia personal y concreta de las enseñanzas. Como complemento, las acciones virtuosas generan un potencial favorable, también llamado *mérito*. Este mérito funciona como una reserva de energía para continuar nuestro progreso en el camino, al igual que cuando echamos gasolina a un coche.

No hay milagros: combinar estos tres elementos requiere cierto esfuerzo. El trabajo comienza con las pequeñas cosas de la vida cotidiana: intentando estudiar y meditar un poco cada día y tratando de mirar las situaciones desde el prisma de la enseñanza de Buda. En la forma de comportarnos, intentamos ser útiles, sin esperar nada a cambio y sin ninguna reacción emocional, simplemente alegrándonos por nosotros mismos y por los demás. El progreso se consigue aplicando estos tres aspectos continuamente, sin forzar, sino simplemente manteniendo la mente relajada.

Como practicantes, cuando decidimos seguir este camino debemos asumir un compromiso que sea a la vez firme y flexible. A primera vista, estos términos pueden parecer contradictorios. *Firme* significa que, aunque nos desanimemos, no abandonaremos nuestro compromiso, sino que continuaremos con lo que nos hemos propuesto. Sin embargo, para evitar la rigidez, debemos mantener nuestro compromiso flexible. En efecto, mantener perfectamente nuestro compromiso es casi imposible. Cometeremos errores, pero, al corregirlos, progresamos. La flexibilidad nos permite ajustar nuestros esfuerzos en función de nuestras capacidades actuales sin caer en la autocomplacencia.

El compromiso básico del bodhisattva es no hacer daño y, en cambio, ser útil a los demás. Se trata, pues, de mantenerse firme en esta dirección y no abandonar este objetivo. Hacemos todo lo mejor que podemos, aunque, como seres humanos, sea muy difícil no hacer daño. La flexibilidad nos permite comprometernos en este camino; sin ella, no daríamos un paso en esta dirección, porque sabemos que la perfección es prácticamente imposible. Con esta flexibilidad y firmeza, podemos cometer errores, aprender de ellos y continuar.

Una de las ideas fundamentales de la enseñanza de Buda es la de aportar paz y armonía. Sin embargo, si nuestra propia mente no está en paz, ¿cómo podemos ser agentes de armonía a nuestro alrededor? Podemos firmar tratados de paz, darnos la mano y decidir que todo está bien, pero esto no dura. Las disputas y los conflictos vuelven a surgir rápidamente porque es una paz artificial. La paz no se puede forzar. Es la expresión de la comprensión del funcionamiento de la mente. Una vez que hemos logrado esto, no hay nada que pueda perturbar nuestra mente. No podemos cambiar a los demás, pero podemos cambiarnos a nosotros mismos. En el budismo, la paz y la armonía no se refieren a un lugar tranquilo y silencioso donde todo el mundo está en paz. Por el contrario, la paz y la armonía se refieren a una mente que mantiene su propia estabilidad, independientemente de las situaciones que se le presenten. A medida que avancemos, tengamos esto presente y recordemos que el objetivo del camino del bodhisattva es disminuir la infelicidad.

Este libro se terminó de imprimir
en agosto de 2024 por Pulsio Print

N° de Edición : 4029
Depósito legal : Agosto 2024
Impreso en Bulgaria